AF478015

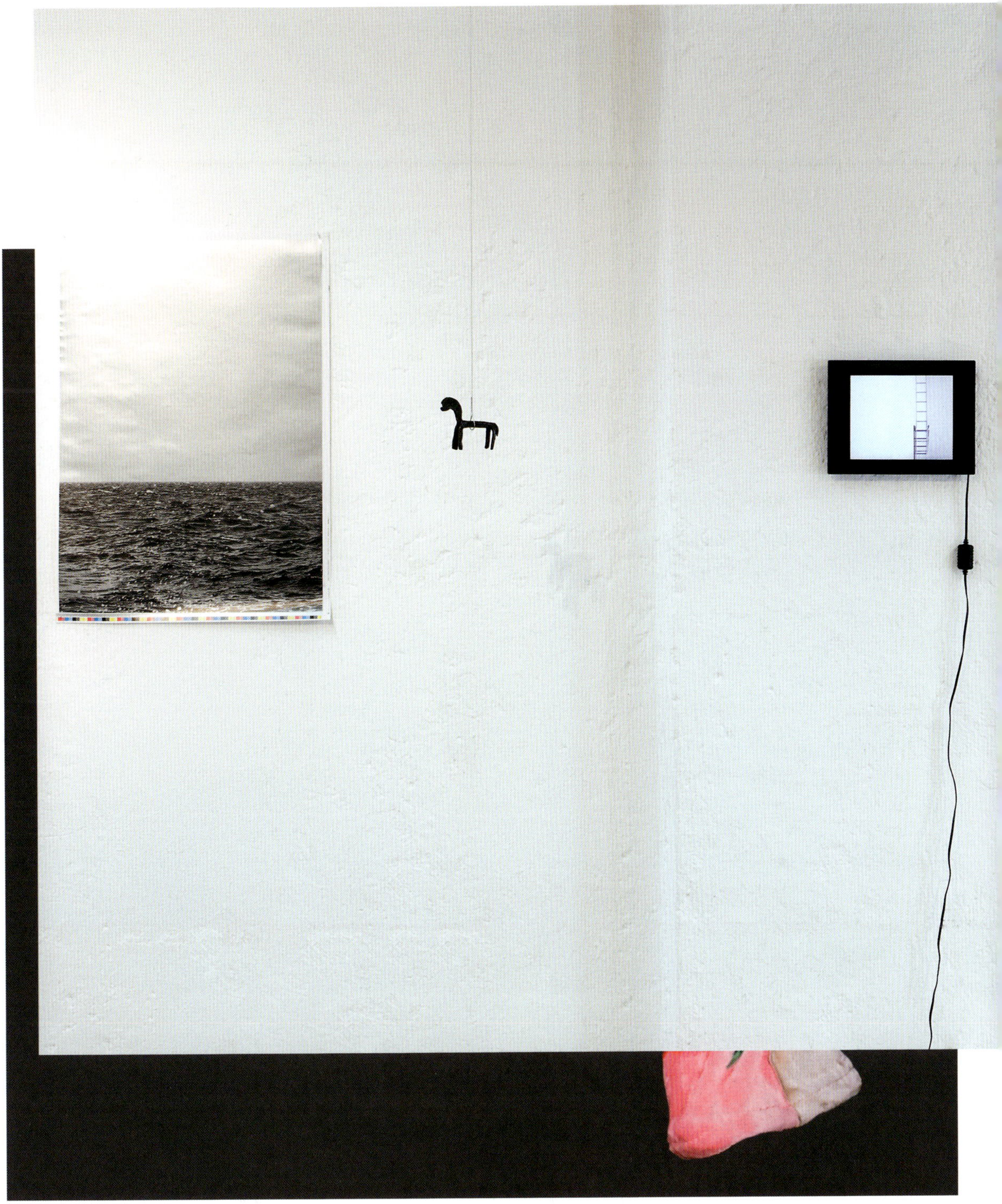

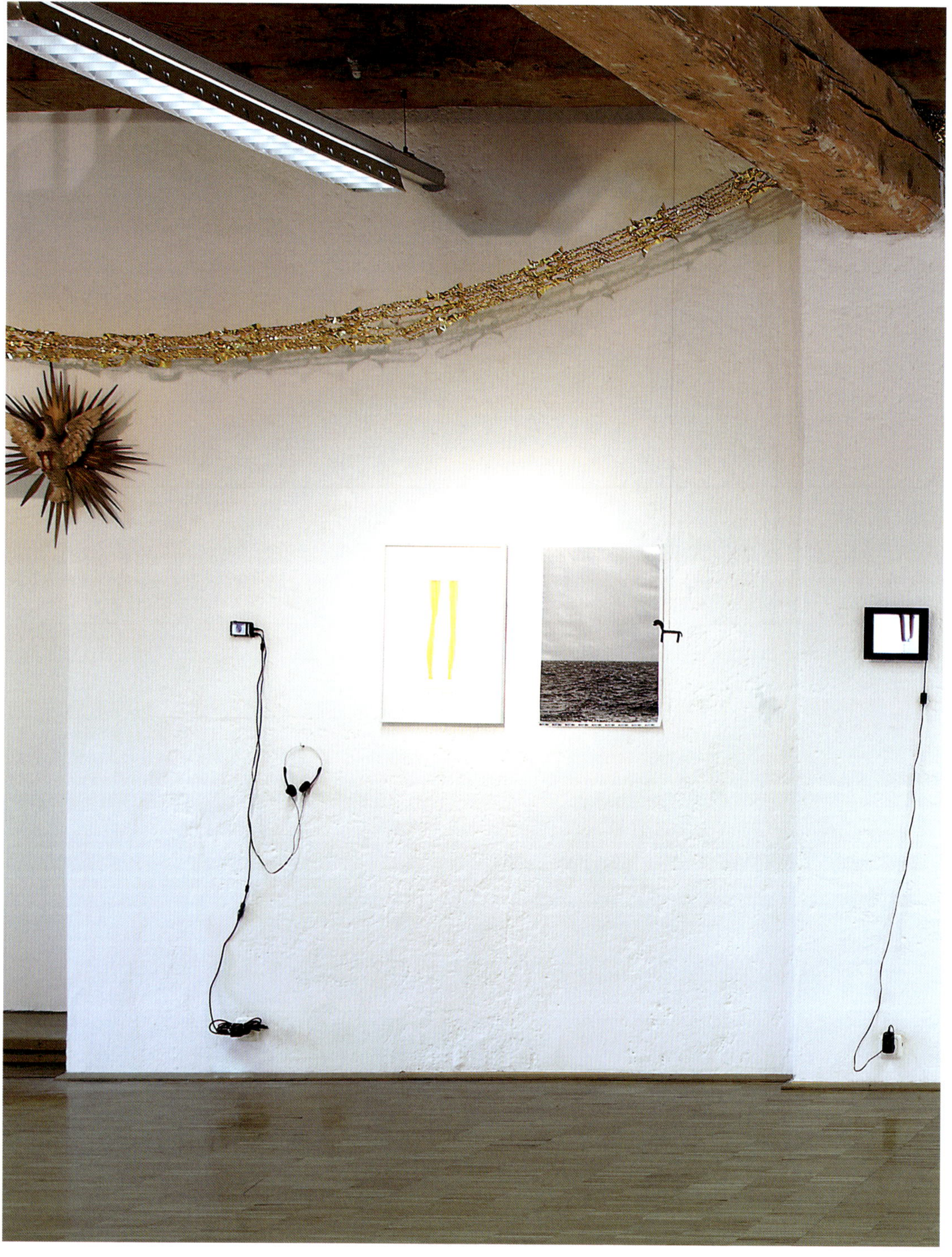

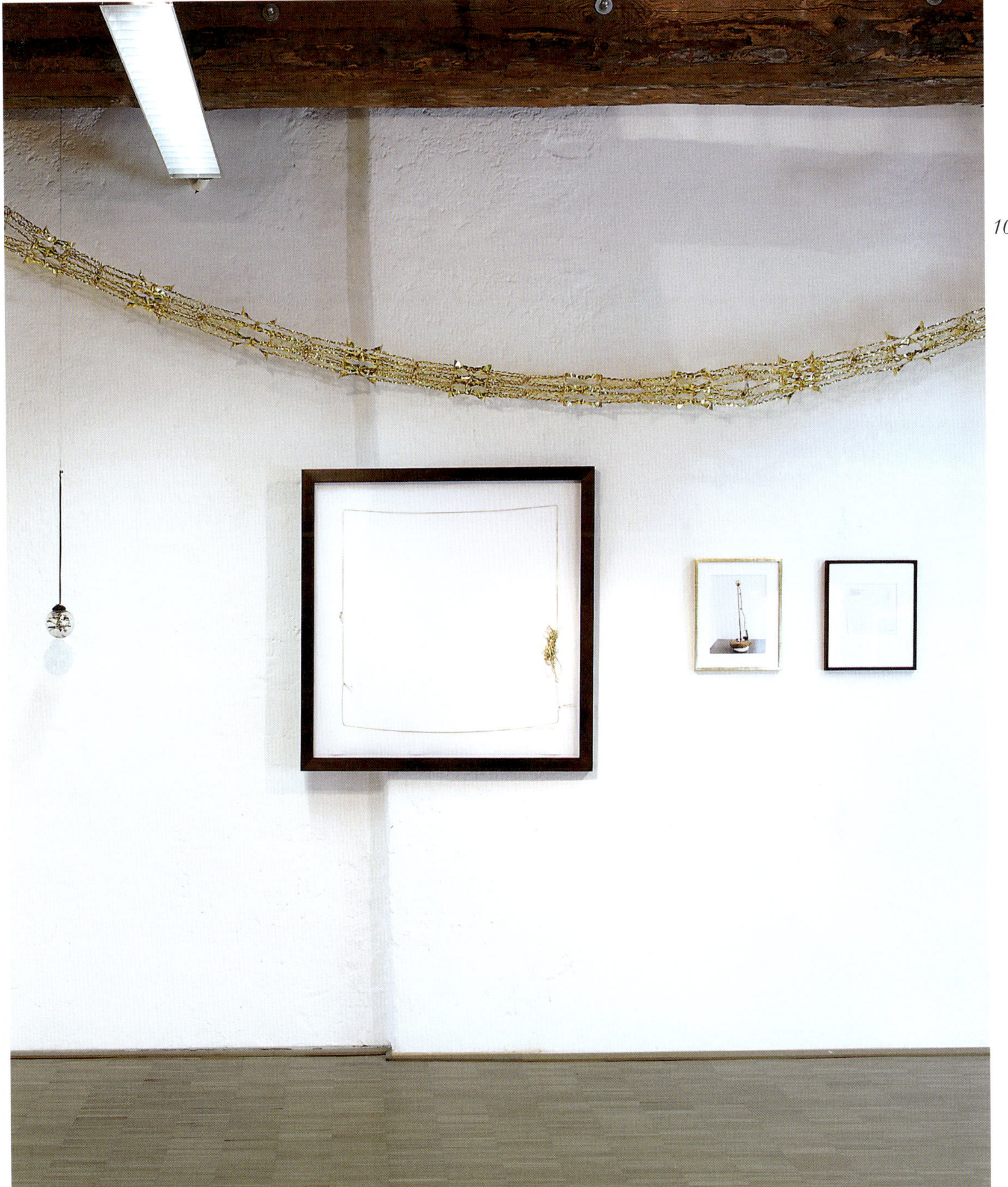

Stellen hervorblitzen,[1] behauptet sie sowohl ihren Status, den die Zeit nicht verringert hat, als auch die Präsenz eines roten Fadens, der sich durch das Werk zieht. Wie jede Fortsetzung meint auch diese eine Ergänzung der bisherigen Geschichte und beinhaltet Rückblicke auf vorangegangene Ereignisse und charakteristische Arbeitsweisen der Protagonistin.

Jedes Arbeiten mit Bildern impliziert ein Übereinanderlegen, Vergleichen, Austauschen, Abdecken, um Ausschnitte zu bestimmen, die Kombination verschiedener Materialien, das Sammeln über längere Zeiträume. Es impliziert, dass sie neben- und übereinandergelegt werden, dass sie verschoben oder jemandem gezeigt werden, eines nach dem anderen, wie das Jean-Luc Godard die heimkehrenden Soldaten, *Les Carabiniers*, tun lässt, die aus einem Koffer voller Fotos und Ansichtskarten ihre Eroberungen demonstrieren. Auch am Bildschirm werden Bilddateien zur Seite geschoben, viele Fenster liegen übereinander und lassen darunterliegende erahnen. Wenn man das mit Absicht in einer Publikation tut, dann ergibt sich dadurch ein dichtes Bild, das an das Prinzip „Häufung" anschließt; eine Methode, die typisch für Judith Huemers Arbeitsweise ist und schon im Vorgängerband auffällig war: wiederholen, duplizieren, überziehen, überlagern. „Akustisches wie visuelles Material, Worte, Beine, Postkarten, Overalls oder Ballons"[2] waren es zuletzt, jetzt sind es dicht gedrängte Stoffrollen, Stoffstreifen, Töpfe oder übereinandergewickelte Strumpfhosen. Und neben der runden ist immer wieder die schmale, lange Form auffällig: Streifen, Beine, Schnüre, Schlitze. Auch die überdruckten Seiten lassen manchmal nur Schlitze hervortreten, um die Kommunikation zwischen den beiden Motiven anzuzetteln: Wie knüpft Huemer an ältere Arbeiten an, welche Herausforderung lockt sie?

Die beiden Cover-Bilder, die so lapidar übereinandergedruckt sind, machen eine solche Kommunikation zwischen zwei Bildern deutlich: die überdruckte *Balcony Session*, die 2007 am Balkon eines 20-geschossigen Hochhauses in New York stattgefunden hat, hat ein Pendant bekommen. Im 2. Wiener Gemeindebezirk, im 4. Stockwerk, streckt

overwriting is a direct metaphor for it: If parts of the older version flash out in some places,[1] they assert their status, which time has not diminished, as well as the presence of a common thread that runs through the work. Like any sequel, it also means a supplement to the previous story and includes retrospectives of previous events and the protagonist's characteristic ways of working.

Any working with images implies a superimposing, comparing, exchanging and covering to determine details, the combination of different materials and the collecting over long periods of time. It implies that they are juxtaposed and overlaid, that they are shifted or shown to somebody, one after the other, as Jean-Luc Godard lets the returning soldiers, *Les Carabiniers*, do, showing off their spoils of war from a suitcase full of photos and postcards. Image files are also pushed aside on the screen; many windows lie on top of each other, suggesting there are ones lying beneath. If this is done intentionally in a publication, what results is a dense image that follows the principle of "accumulation," a method typical of Judith Huemer's modus operandi and already noticeable in the previous volume: repeat, duplicate, cover, overlap. Last time it was "acoustical as well as visual material, words, legs, postcards, overalls or balloons"[2]; now it is tightly packed fabric rolls, fabric strips, pots or tights wound on top of one another. Besides the round shape, the narrow, long form is prominent again and again: strips, legs, cords, slits. Even the overprinted pages sometimes only allow slits to be revealed to instigate the communication between the two motifs: How does Huemer tie into older works? Which challenge lures her?

Printed so succinctly on top of each other, the two cover pictures make such a communication between two images clear: the overprinted *Balcony*

page 109
Exhibition view
Schlossgalerie Schärding/Austria, 2014

page 111
Horizont (Horizon) 2010
Poster, variable size

die Künstlerin abermals ihre Beine, diesmal, um sich besser aus dem Fenster lehnen und ihre Worte an PassantInnen unten auf der Straße richten zu können: „Grüß Gott Guten Tag Grüß Gott Grüß Gott Guten Tag Guten Tag Guten Tag Grüß Gott Guten Tag", heißt es da, ohne Punkt und Komma. Auf Video aufgezeichnet und in eine Schleife geschnitten, erinnert das Spiel mit der Wiederholung der durchaus provokant gemeinten Wortfolge an *Tourist Terrorist Artist*, jenes zeitgleich mit der *Balcony Session* entstandene performative Stück, das den kleinlichen Definitionsbürokratismus bei der damaligen Einreise in die USA persiflierte. Bei *Grüß Gott Guten Tag* reizt Judith Huemer abermals die „Konfrontation mit den Codes der Gesellschaft, (…) den Klischees, Werten, Normen und Traditionen" bzw. „das Bestimmen der eigenen Rolle" darin. „Bei uns wird Grüß Gott gesagt", ergänzt der Untertitel des Videos unsere Vermutung, dass hier ein regionaler österreichischer Differenzierungswunsch mitschwingt.

Die Fotografie zeigt Judith Huemer während der Performance für das Video. Die ungewöhnliche Haltung erzeugt eine Körperspannung, die an die aufragenden Beine in New York anschließt und gleichzeitig ein gewisses Risiko impliziert, aus dem Fenster zu kippen. Während in der Fotografie der Standpunkt der Betrachtenden hinter der Performerin liegt und Judiths (Hinter)kopf, der in einer auffällig roten Mütze steckt, nur verschwommen im geöffneten Glasfenster gespiegelt ist, fokussiert das Video auf das Gesicht und auf dessen Physiognomie bzw. Mimik, die den Sprechakt begleitet. Der stetige Wechsel und die Wiederholung der beiden Grußformeln „Grüß Gott Guten Tag" aus dem deutschen Sprachgebrauch – die sich im Alltag langsam dem immer gebräuchlicher werdenden „Hallo" beugen müssen – haben eine ähnliche Penetranz wie die Wortfolge von 2007. Die immer selben Worte werden manchmal tiefer und getragener, manchmal heller und melodiös mit veränderten Geschwindigkeiten wiedergegeben, aber letztlich durch die stete Wiederholung doch monoton „abgespult", ohne Unterbrechung im Loop und ohne eine Erwiderung

Session, which took place in 2007 on the balcony of a 20-story skyscraper in New York, received a counterpart. In the 2nd district of Vienna, on the 4th floor, the artist once again stretches her legs, this time to lean out of the window better and to be able to address her words of greeting to passers-by on the street below: "Grüß Gott Guten Tag Grüß Gott Grüß Gott Guten Tag Guten Tag Guten Tag Grüß Gott Guten Tag," without a period and comma. Recorded on video and edited into a loop, the game with the repetition recalls the quite provocative word sequence *Tourist Terrorist Artist*, that performative piece created at the same time as the *Balcony Session*, which satirized the petty definition bureaucracy during entry into the USA back then. In *Grüß Gott Guten Tag* Judith Huemer once again provokes the "confrontation with social codes, (...) clichés, values, norms and traditions" or "the definition of one's own role" therein. "We say Grüß Gott," the subtitle of the video, complements our assumption that a regional Austrian desire for differentiation resonates here.

The photograph shows Judith Huemer during the performance for the video. The unusual posture creates a body tension that links to the towering legs in New York and at the same time implies a certain risk of toppling out of the window. While the beholder's point of view lies behind the performer in the photograph and (the back part of) Judith's head, which is tucked in a strikingly red cap, is only blurred in the open glass window, the video focuses on the face and its physiognomy, respectively, on the facial expressions that accompany the speech act. The constant change and the repetition of the two greetings "Grüß Gott Guten Tag" from German language usage—which, in everyday life, have to slowly defer to "Hallo," which is becoming more and more common—have a similar obtrusiveness as the word sequence of 2007. Sometimes deeper and more sustained, sometimes brighter and melodious, the same words are reproduced at different speeds,

page 113
DankeSchön 2011
C-print, 27 x 20 cm

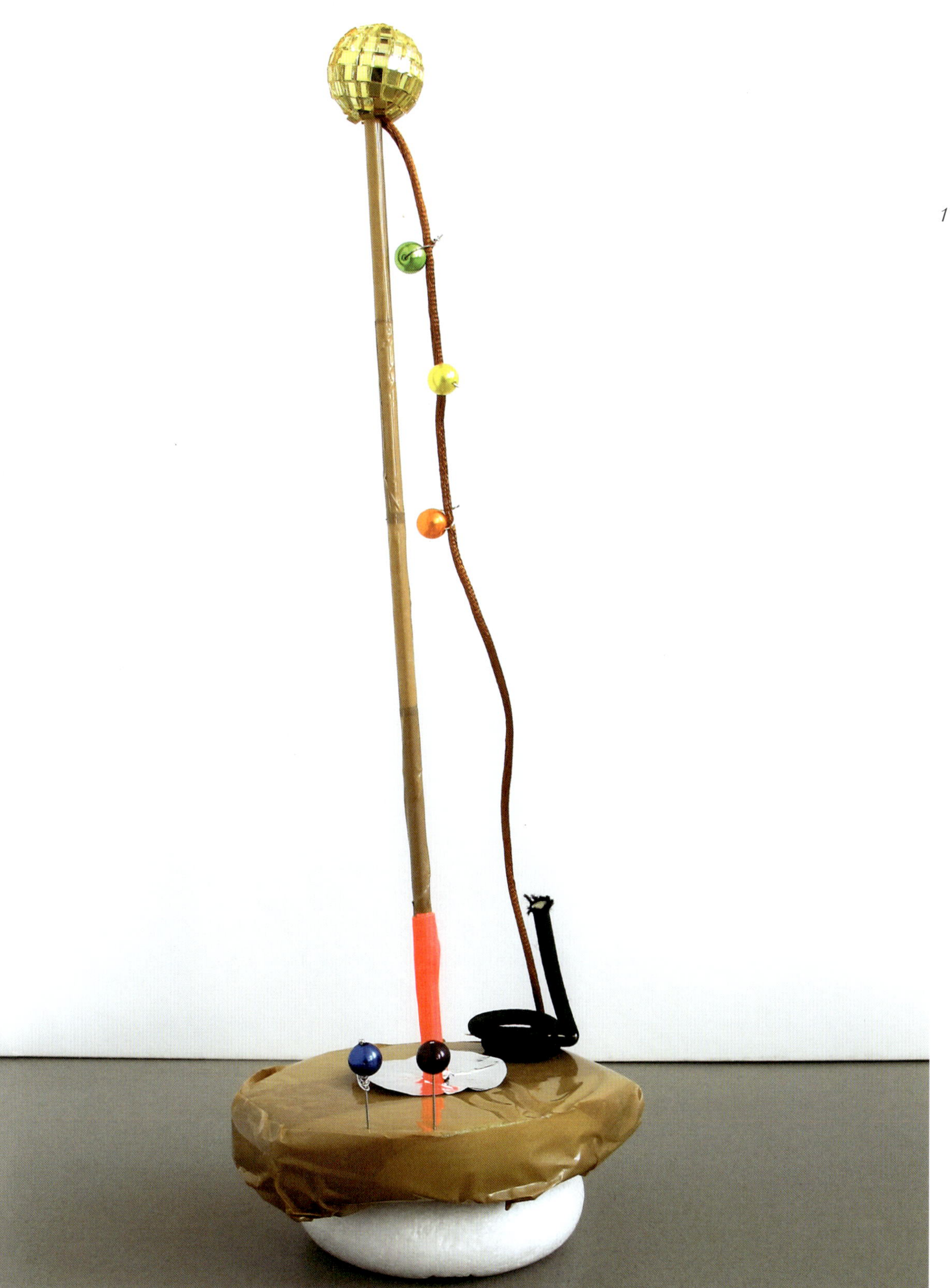

des Grußes zu erwarten. Der winzige Bildschirm, auf dem das Video läuft, entspricht in etwa dem Eindruck, den die PassantInnen unten in der Straße gehabt haben mussten.

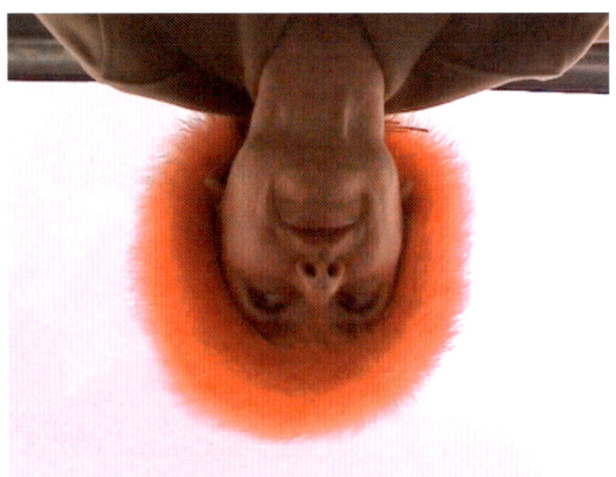

114

Grüß Gott Guten Tag
p. 105

Dom Museum Vienna, since 2017
Landesgalerie Burgenland/Austria, 2016
Schlossgalerie Schärding/Austria, 2014

Die Redewendung „sich aus dem Fenster lehnen" spiegelt auch die Haltung der Künstlerin wider, die sich an kleinkarierten Wertvorstellungen stößt, mit gesellschaftlichen Zuschreibungen oder stereotypen Umgangsformen hadert und sich also lieber weit rauslehnt und auch mal aneckt, als sich ständig gebührend verhalten zu müssen. Zahlreiche Projekte sind Reaktionen auf von Allüren oder borniertem Verhalten bestimmte, meist zufällige Ereignisse oder Begegnungen. Eine von Judith Huemers Skulpturen bringt diesen Argwohn explizit auf den Punkt: Der aus roter Modelliermasse gelegte Schriftzug *Großzügigkeit* ist zwischen weißen Kuben eingeklemmt, sodass nur kleine Buchstabenschlaufen hervorragen und man mit Hilfe des Werktitels gerade die Wortbedeutung erahnen kann. Sie ist da, die Großzügigkeit, sie ist flexibel und sogar rot, aber in einem elendiglichen Zustand, weil zwischen mächtigen Blöcken eingeklemmt. Die kleinen alltäglichen Provokationen sind die Hauptmotive für Judith Huemers biografisch bedingte Arbeitsweise, sie reizen die Künstlerin und inspirieren sie zugleich, phantasievoll Stellung zu nehmen. „Kunst handelt vom Leben,

but ultimately monotonically "uncoiled" through the constant repetition, uninterrupted in the loop and without expecting a response to the greeting. The tiny screen on which the video is playing corresponds more or less to the impression the passers-by on the street below must have had.

The phrase "to lean out of the window" also reflects the artist's attitude, which clashes with narrow-minded moral values, wrangles with social attributions or stereotypical manners, and therefore prefers to lean far out and sometimes offend, rather than having to behave appropriately. Numerous projects are reactions to mostly coincidental events or encounters determined by affectations or small-minded behavior. One of Judith Huemer's sculptures explicitly sums up this leeriness: Made of red modeling clay, the lettering *Großzügigkeit* (Generosity) is jammed between white cubes, so that only small letter loops stick out and one can just guess the meaning of the word with the help of the title. It is there, the generosity, it is flexible and even red, but in a miserable state, wedged in between mighty blocks. The small, everyday provocations are the main motives for Judith Huemer's biographically determined method of working; they irritate the artist and at the same time inspire her to take an imaginative stand. "Art is about life, and that sums it up," Louise Bourgeois would interject at this point.

In keeping with these stimuli taken from real life, Judith Huemer uses materials from the same sphere of influence, from everyday life. It was only at the beginning of the 20th century that everyday materials were included in the canon of "artistic" materials that did not have their fixed place in art history[3] like marble, bronze or wood: first newspapers, soon a bottle dryer or a urinal as well, with which Marcel Duchamp steered the eyes of the art audience to the surreal and sculptural qualities of objets trouvès. They were completely free of intervention and processing on the part of the artist—it was enough

Großzügigkeit 03 (Generosity 03) 2016
Pigment print, 30 x 21 cm

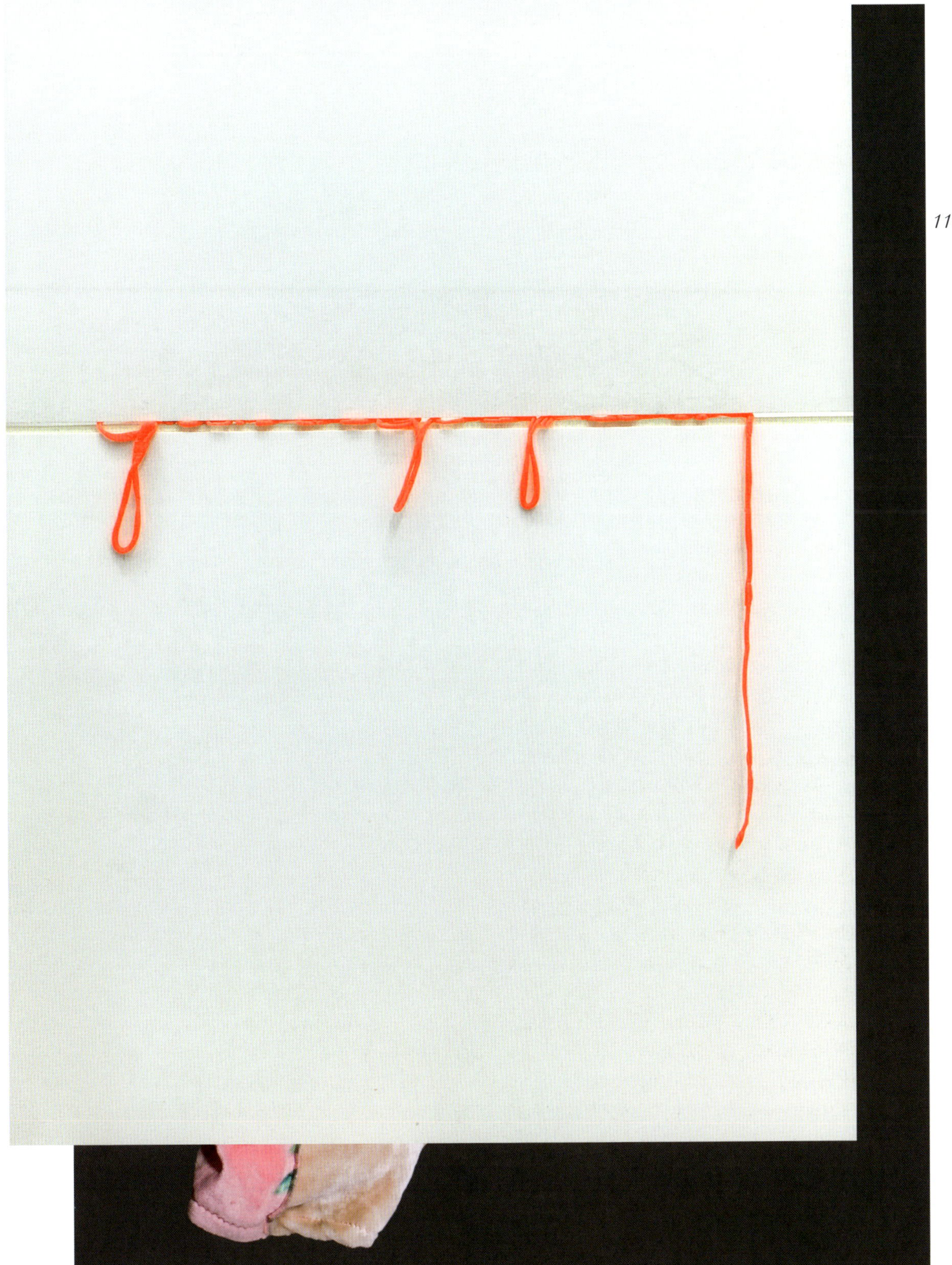

und das ist im Grunde schon alles", würde Louise Bourgeois an dieser Stelle einwerfen.

Passend zu diesen aus dem Leben gegriffenen Stimuli verwendet Judith Huemer Materialien aus demselben Einflussbereich, aus dem Alltag. Erst zu Beginn des 20. Jahrhunderts wurden alltägliche Materialien in den Kanon der „künstlerischen" Materialien aufgenommen, die nicht wie Marmor, Bronze oder Holz bereits ihren fixen Platz in der Kunstgeschichte[3] hatten: zuerst Zeitungen, bald auch ein Flaschentrockner oder ein Pissoir, mit welchen Marcel Duchamp die Augen des Kunstpublikums auf die surrealen und skulpturalen Qualitäten von Objets trouvès lenkte. Sie blieben gänzlich ohne Eingriffe und Bearbeitungen vonseiten des Künstlers – es genügte die Verschiebung des Kontextes und eine Signatur. Von da an gab es keine Einschränkung mehr, welche Objekte zu Objekten der Kunst werden konnten. Es musste lediglich vonseiten der TheoretikerInnen neu definiert werden, was eine Skulptur können muss, um welches Spiel mit Materialien, Formen und Farbe es sich handelt und welchen konzeptuellen Rahmen es hierfür brauchte. Judith Huemer gehört also einer Generation an, die sich längst nicht mehr für eine Emanzipation der trivialen Materialen einsetzen muss. Die Faszination für Objekte hat die Kunst des 20. Jahrhunderts mitgetragen, und auch textile, weiche und verformbare Materialien sind spätestens seit Claes Oldenburg kein nur weiblich konnotierter Werkstoff.

Mit der Loslösung aus den alltäglichen Zusammenhängen braucht der bis dato zweckmäßige Gegenstand nur mehr sich selbst zu gehorchen, seinen materialbedingten oder ästhetischen Qualitäten. In ein Medium übertragen, das jedoch so sehr der Realität verpflichtet ist wie die Fotografie, bedarf es zusätzlicher Anstrengung, jeglichen Gebrauchswert abzuschütteln, weil an den Gegenständen sonst das Banale haften bleibt. Konkret betrifft dieser Abstraktionsprozess das Motiv an sich und die fotografischen Möglichkeiten, also die Lichtsetzung, um Plastizität, Oberflächen und Farben herauszuarbeiten, ein großes Aufnahmeformat, um feine Details sichtbar zu machen, die

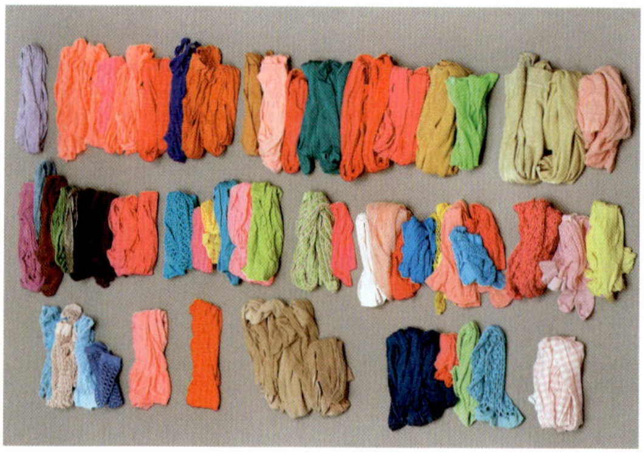

Codes 1997–2012

Pigment print, 95 x 140 cm
Vienna, 2016

page 117
werden (becoming)
Temporary intervention, mixed media
neon, glass, aluminum, 49 x 345 x 75 cm
St. Ruprecht's Church Vienna, 2015

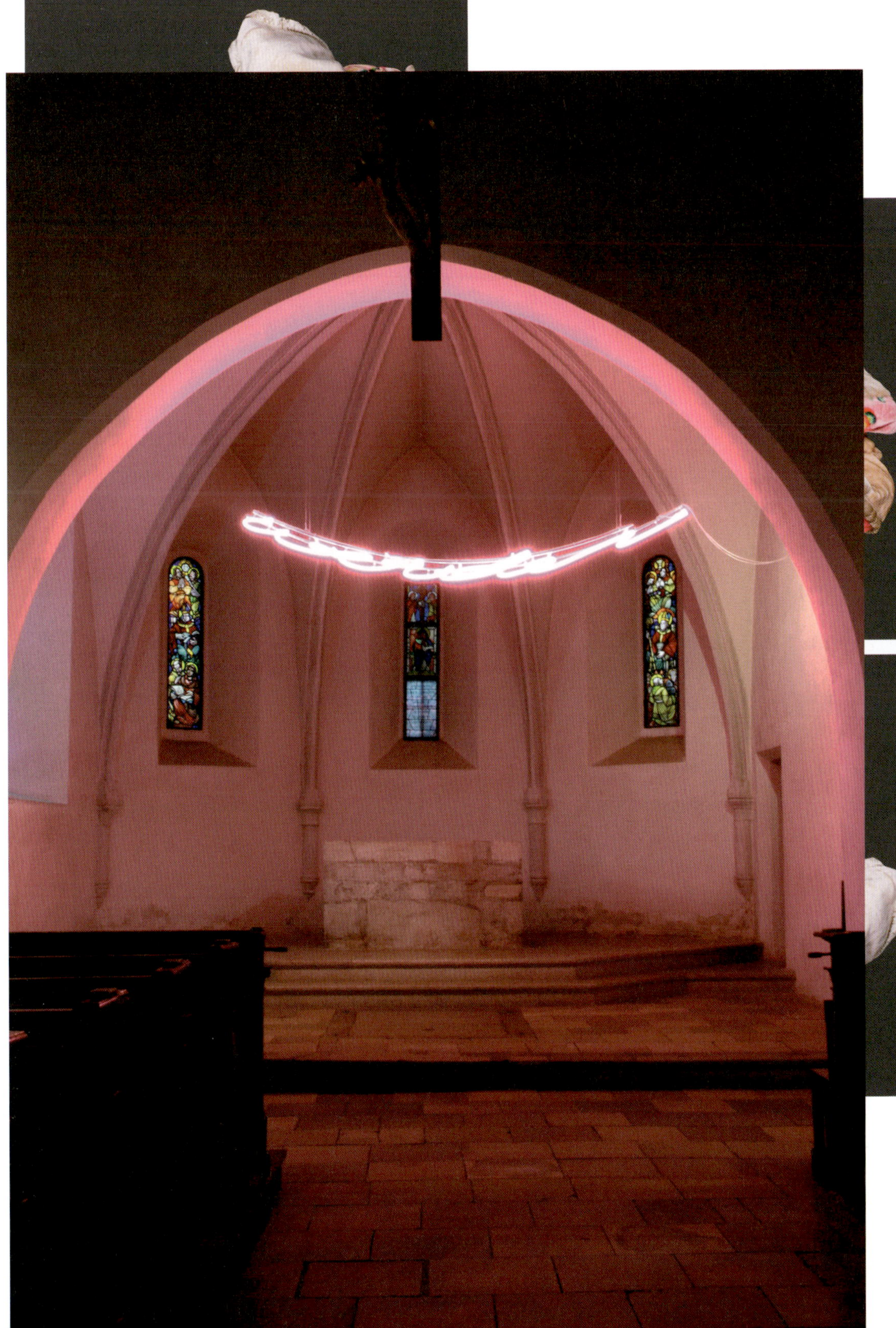

Größe des endgültigen Bildformates und noch mehr etwa die Drehung der fertigen Aufnahme gegen die Schwerkraft. So geschehen bei der fortlaufenden Serie *wornout*, die vom ersten kleinen Knäuel, das noch aus den 1990er Jahren stammt, bis zur aktuellen Größe, die entsprechend formatfüllend auf die Seite 187 gesetzt wurde, aber eigentlich an einer Vertikalen montiert oder hängend erscheint und tatsächlich während der Aufnahme gelegen ist. Das Kippen der Fotografie bewirkt also eine weitere Loslösung aus dem ursprünglichen Gebrauchszusammenhang.

Auch das Freistellen ist ein Akt der Autonomisierung. Es gilt, den Gegenstand aus dem unruhigen Alltag, in dem sich ständig visuelle, akustische und taktile Ereignisse überlagern, herauszuheben und ihn damit auf eine theatralische, „drastischere" Art der Repräsentation anzulegen. Zudem gilt es, die Objekthaftigkeit des Objekts im Unterschied zu seiner Zweckmäßigkeit herauszustreichen oder eben auch die Fotografie und ihr Motiv von der Aufgabe bloßer Repräsentation zu befreien.[4] Größe und Aufwand der Ausführung haben ab den 1980er Jahren dazu beigetragen, die Fotografie nicht nur als Ersatz für das Dargestellte (was stets eine gewisse Einbuße bedeutet) aufzufassen, sondern davon losgelöst in seinem Vermögen, etwas Neues zu kreieren, „das Photo als Bild zu etablieren".[4]

Mit diesem Credo wurde in den 1980er und 1990er Jahren eine neue „künstlerische Fotografie" definiert. Eigenschaften wie Bild-Inszenierungen, große Formate und eine ästhetische Dimension wurden ihr dabei als charakteristisch an die Seite gestellt. Die Fotografien mussten auch weder selbst fotografiert noch in der eigenen Dunkelkammer vergrößert sein, sämtliche Schritte konnten ausgelagert und die Kunstschaffenden genauso gut als Bildmotiv agieren oder Regie führen, während andere den Apparat auslösten. Retuschieren und Freistellen wurden gängige Tools der Postproduktion. Man orientierte sich an der Brillanz von Produktfotografien, die Waren für Hochglanzmagazine aufbereiteten, und waren selbst glossy, hinter Plexiglas kaschiert und rahmenlos. Auch dass zunehmend Bilder auf Bildschirmen betrachtet wurden, war wohl nicht

the rotation of the finished picture against gravity. This is what happened in the ongoing series *wornout*, which originates from the first small ball, dating back to the 1990s, up to the current size, which was placed in a correspondingly format-filling manner on page 187, but actually appears mounted on a vertical line or hanging, and was actually laying during the shot. The tilting of the photograph thus causes a further detachment from the original context of use.

Extracting is also an act of autonomization. It is important to lift the object out of restive everyday life, in which visual, acoustic and tactile events are constantly superimposed, and to thus apply it to a theatrical, "more drastic" kind of representation. Moreover, it is important to emphasize the objecthood of the object, in contrast to its expediency, or to likewise liberate photography and its motif from the task of mere representation.[4] From the 1980s on, the size and complexity of the work contributed to conceiving photography not only as a substitute for what is represented (which always means a certain loss), but—detached in its ability to create something new—"to establish the photograph as a picture."[4]

With this credo, a new "artistic photography" was defined in the 1980s and 1990s. Features such as picture stagings, large sizes and an aesthetic dimension were thereby regarded as characteristic. The photographs neither had to be shot nor enlarged in the photographer's own darkroom, all steps could be outsourced and the artists could just as well act as image motifs or direct them, while others released the shutter. Retouching and extracting became common tools of postproduction. One oriented oneself to the brilliance of product photographs, which prepared goods for glossy magazines, and were glossy themselves, laminated behind plexiglass and frameless. The fact that images were increasingly being viewed on screens was probably not without

page 119
werden (becoming)
Temporary intervention, mixed media
neon, glass, aluminum, 49 x 345 x 75 cm
St. Ruprecht's Church Vienna, 2015

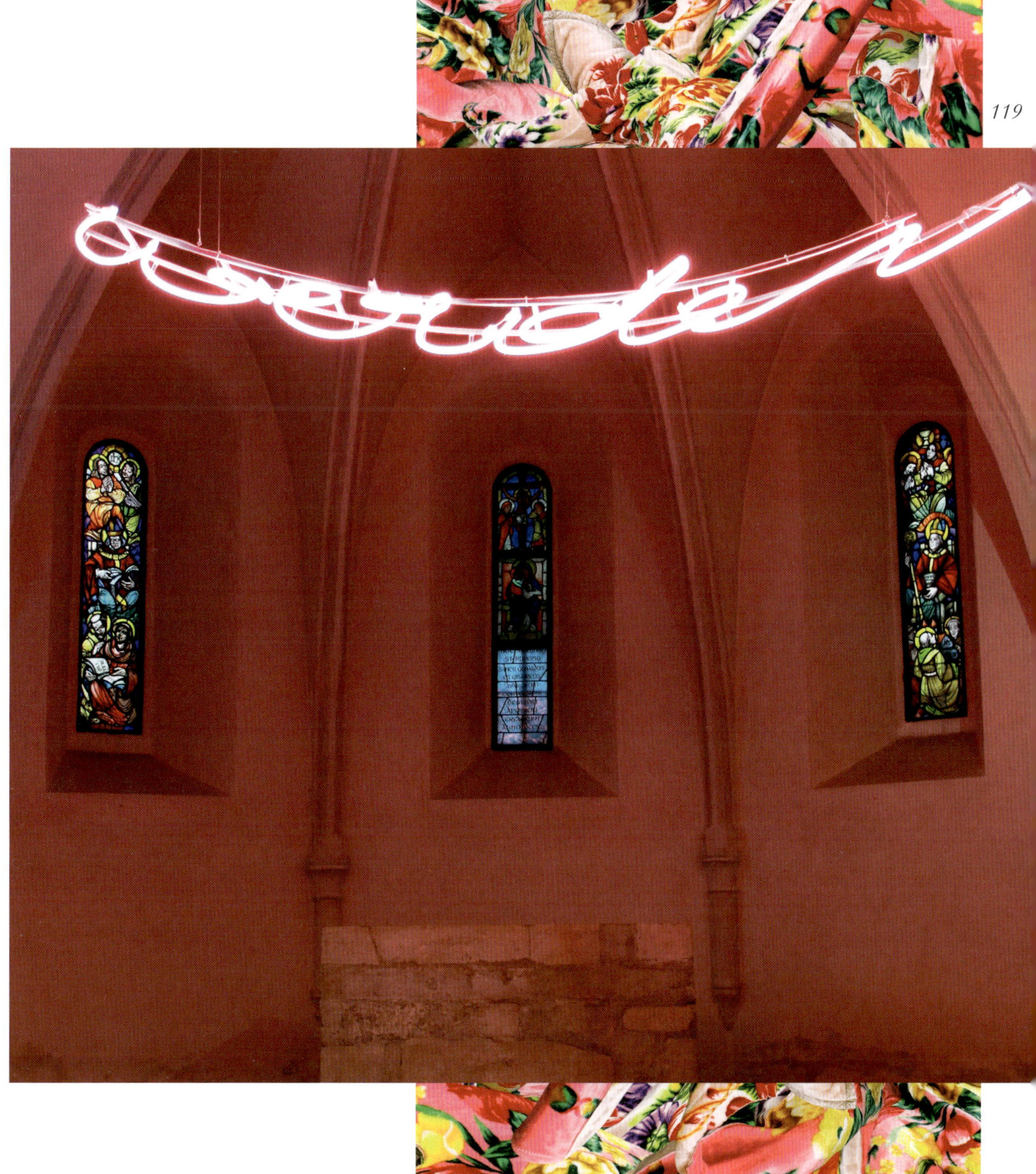

ohne Einfluss. Das große „Tafelbild" eröffnete eine neue Großzügigkeit, verlangte eine (Museums)wand, die weit über die bisher für die Fotografie normalen Maße hinausging.

Neben dem Freistellen ist die Wahl des Ausschnitts maßgeblich für eine veränderte Bildwirkung verantwortlich. In den beiden Serien *Territory* (2010/11) sowie *UND pink, UND türkis, UND hellrosa, UND bunt, UND metallic* setzt Judith Huemer einen sehr engen Bildausschnitt und blendet dadurch Informationen aus. Einmal lässt sie nur schmale Schlitze von einer sonst geschwärzten Fotografie stehen, gerade so viel, dass sie den Blick auf sieben weibliche Dekolletés, genau genommen auf den Busen, den Schlitz zwischen den Brüsten, freigeben. Der Ausschnitt ist so eng gewählt, dass er an Zensurbalken erinnert, nur dass diese üblicherweise eingesetzt werden, um eben solche heiklen Stellen zu verdecken, oder an die Sichtfenster bei Burkas, wobei an diesem Vergleich vor allem interessant ist, „wer bestimmt, was verhüllt und gezeigt bzw. gesehen wird" (Judith Huemer).

Das andere Mal werden Informationen, die aus dem trivialen Umfeld der Objekte stammen, regelrecht abgeschnitten: die Kartonrolle, auf welcher Stoffe üblicherweise aufgerollt sind, um in Stoffgeschäften horizontal, Rolle auf Rolle zu lagern. Das beschnittene Motiv holt die Stoffrollen in ein ganz anderes Wirkungsfeld: hier sind sie überdimensionale, abstrakte Farbrollen, eng aneinandergeschoben, eine Palette unterschiedlicher Stoffarten mit verschiedengestaltigen Webarten und Oberflächen beziehungsweise deren Bereitschaft, auf das Studiolicht mit Glanz, Schatten oder Überstrahlen zu reagieren. In der parallel entstandenen Arbeit *individual flags* sind dieselben Rollen unbeschnitten als Produkte aus dem Stoffgeschäft ersichtlich. Auf kleine Formate geprintet und auf goldenen Schnüren hängend, die den Raum kreuzen, ist die Assoziation mit Fahnen naheliegend. Das Paradox dabei ist, dass gerade Fahnen randabfallend sind, Huemer also wiederum gegen die Norm arbeitet.

influence as well. The large "panel photo" established a new spaciousness, required a (museum) wall, which went far beyond the usual dimensions for photography up to then.

In addition to extraction, the choice of the section is largely responsible for a changed pictorial effect. In the two series *Territory* (2010/11) as well as *UND (pink/türkis/hellrosa/bunt/metallic)* (AND — pink/turquoise/light pink/colorful/metallic), Judith Huemer sets a very narrow image section and thereby cuts off information. One time she only leaves narrow slits of an otherwise blackened photograph, just enough to reveal the view of seven female cleavages, actually of the breasts, the fold between the breasts. The section is so narrowly selected that it reminds one of censorship bars, only that these are usually used to cover precisely such delicate spots, or of the fabric mesh in burkas, whereby what makes this comparison particularly interesting is "who determines what is veiled and shown or seen"(Judith Huemer).

The other time, information that comes from the trivial surroundings of the objects is literally lopped off: the cardboard roll on which fabrics are usually rolled up, in order to store them horizontally, roll on roll, in fabric shops. The cropped motif brings the fabric rolls into a completely different sphere of activity: Here they are oversized, abstract paint rollers, pushed close together, a palette of various types of fabric with different types of weaves and surfaces, respectively their readiness to respond to the studio light with luster, shadow or overexposure. In the work *individual flags*, which originated in parallel, the same rolls, uncut, are evident as products from the fabric shop. Printed on small formats and hanging on golden strings that intersect the room, the association with flags is obvious. The paradox thereby is that precisely flags are bled off, so Huemer again works against the norm.

page 121
Territory #1 and *#3*
C-print, each 20 x 30 cm
Landesgalerie Linz/Austria, Museum for
Modern and Contemporary Art, 2013

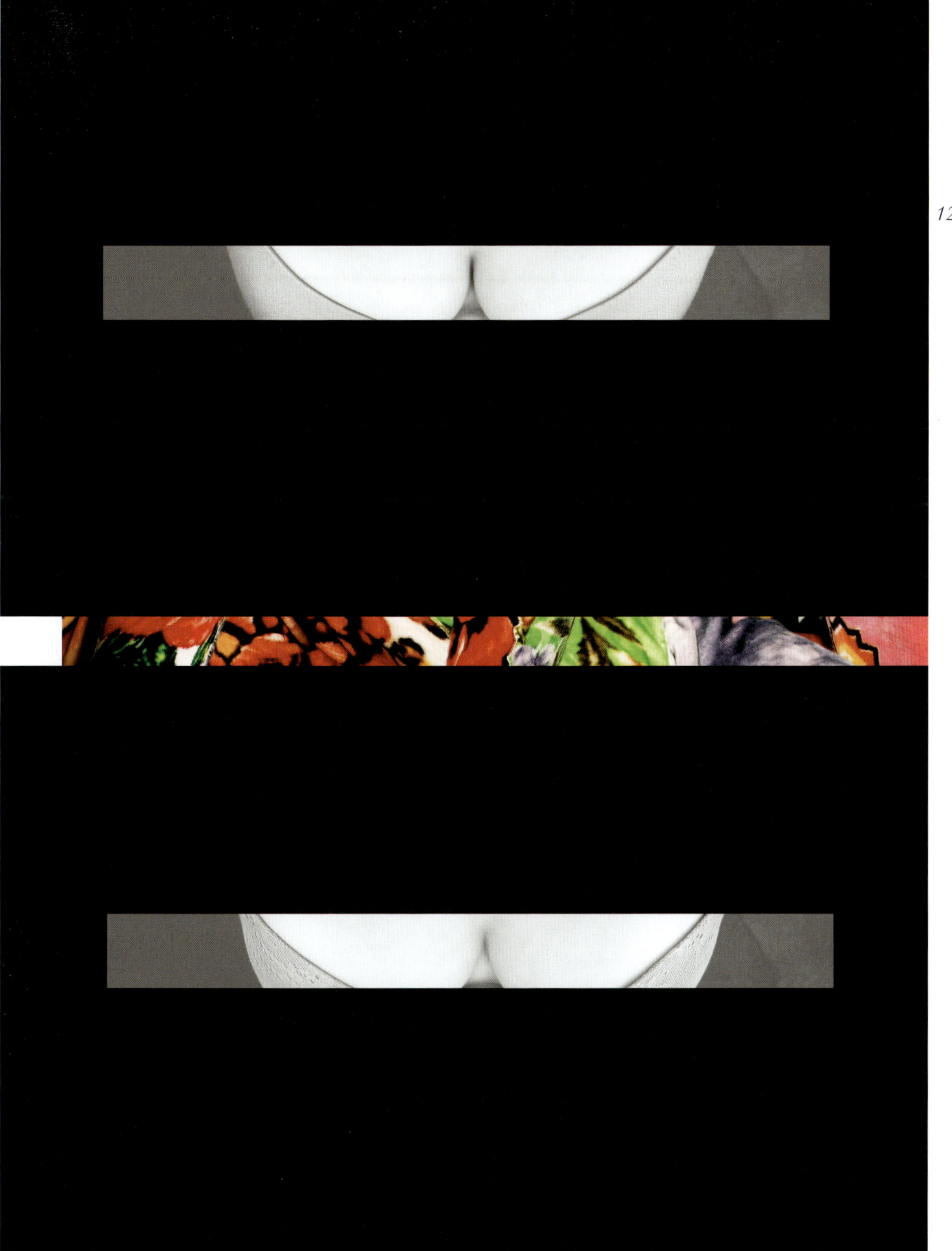

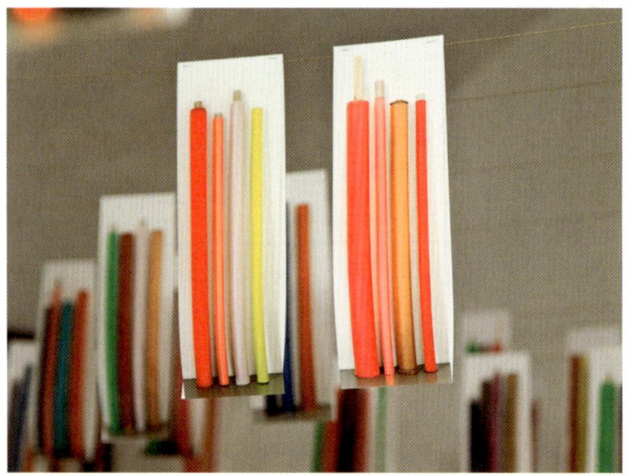

individual flags
p. 193

Crypt of the Ursuline Church Linz/Austria, 2010

Durch den Ausschnitt verliert sich der Gegenstand abermals im Bild. Es geht nicht mehr um ihn an sich, sondern der Fotograf benutzt „Gegenstände, um sein Bild zu machen", wie es Michael Fried an Jeff Walls Einsatz vom Gebrauchsobjekt als Bildelement beobachtet. Dessen neuer Zweck ist es, seine Form und seine Farbe dem Bild als Kompositionsmittel zu überlassen. Sie sind einer anderen Widmung unterstellt. Am Motiv der Stoffrollen kann man die offene, immer „im Werden" begriffene Vorgehensweise der Künstlerin studieren. Auf Entwürfe und Skizzen folgen erste Shootings, Nachbearbeitungen, Ausbelichtungen, weitere Korrekturen, Probestreifen, Farbabstimmungen, Feinjustierungen usw. Judith Huemer bearbeitet ihre Werkstücke so, wie ja auch herkömmliche Materialien der Bildhauerei – Holz oder Ton – Schritt für Schritt Form annehmen, sich verändern und endgültige Konturen bekommen.

Am Buchende treffen wir auf kleine, unzusammenhängende Bilder, die sogenannten *Kontaktsheets*. Der Begriff ist von einem Bildverwaltungsprogramm entlehnt und ist – wie so viele Begriffe – von einem analogen Vorbild abgeleitet, den Kontaktbögen oder Kontaktabzügen, wie man sie bis in die 2000er Jahre zur ersten Ansicht und besseren Übersicht von Negativen anfertigen ließ. Auch in ihrer digitalen Version verfolgen sie denselben Sinn und erscheinen als kleine Vorschaubilder, mengenmäßig begrenzt, in Reihen geordnet am Bildschirm – gerade

Through the picture detail, the object loses itself again in the image. It no longer has to do with the object per se, but "the photographer uses objects to make his picture," as Michael Fried observed Jeff Wall's use of the object of utility as a picture element. Its new purpose is to leave its shape and color up to the image as a means of composition. They are subject to another dedication. The motif of the fabric rolls allows one to study the artist's open, nascent approach. Drafts and sketches are followed by first shootings, post-processings, exposures, further corrections, sample strips, color adjustments, fine adjustments, etc. Judith Huemer processes her work pieces in the same way as traditional materials of sculpture—wood or clay—gradually take shape, change and receive final contours.

At the end of the book we come upon small, unrelated pictures, the so-called *Kontaktsheets*. The term is borrowed from an image management program and is—like so many terms—derived from an analog model, the contact sheets or contact prints, as they were made until the 2000s for the initial look at and better overview of negatives. Even in their digital version, they fulfill the same purpose and appear as small thumbnails, quantitatively limited, arranged in rows on the screen—just large enough that the motifs are still recognizable. What was then marked on the analog contact sheet with a red felt-tip pen is clicked today; the program suggests a heart to save the image as a "favorite." If you then leave it to the computer to create an "automated contact sheet," it compiles a sequence of images from the last ten years that is only partly chronological. The *Kontaktsheets* therefore contain Judith Huemer's private moments and picture notes, inspirations, sketches and preliminary studies on new works, impressions of projects with students, documentation of her own artworks, finished exhibition views or the book presentation of the predecessor

page 123
Territory #5 and #6
C-print, each 20 x 30 cm
Landesgalerie Linz/Austria, Museum for
Modern and Contemporary Art, 2013

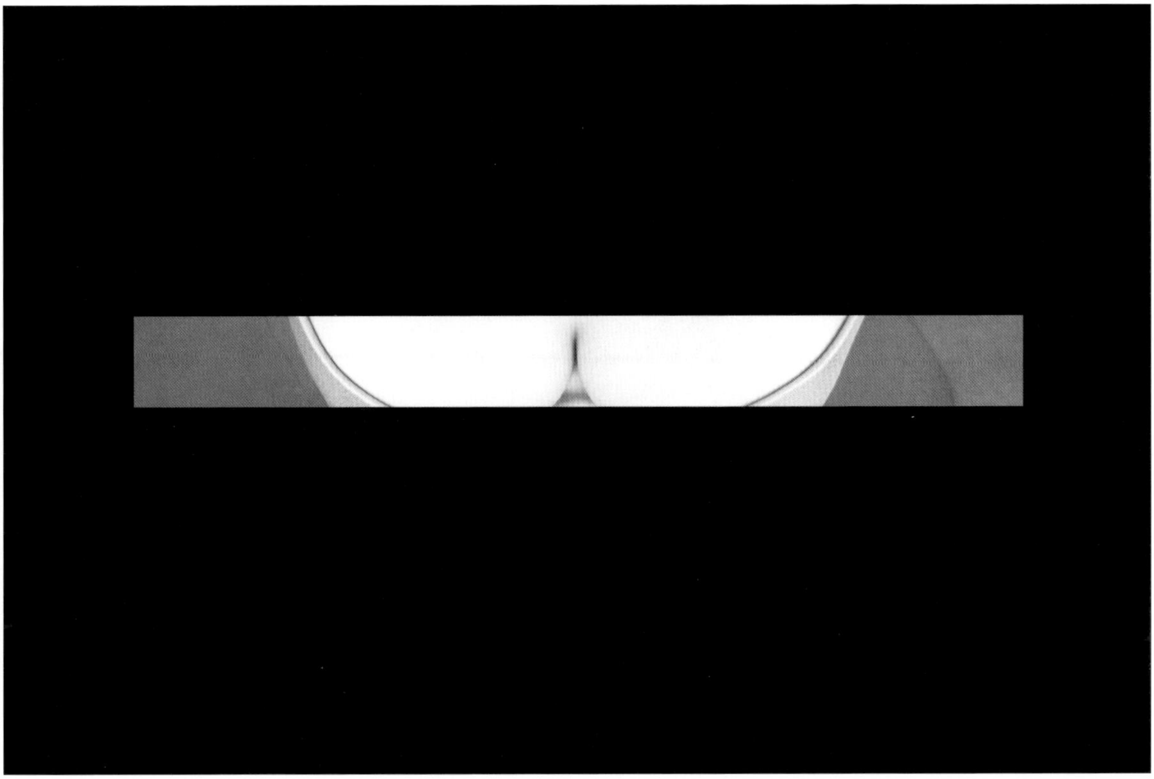

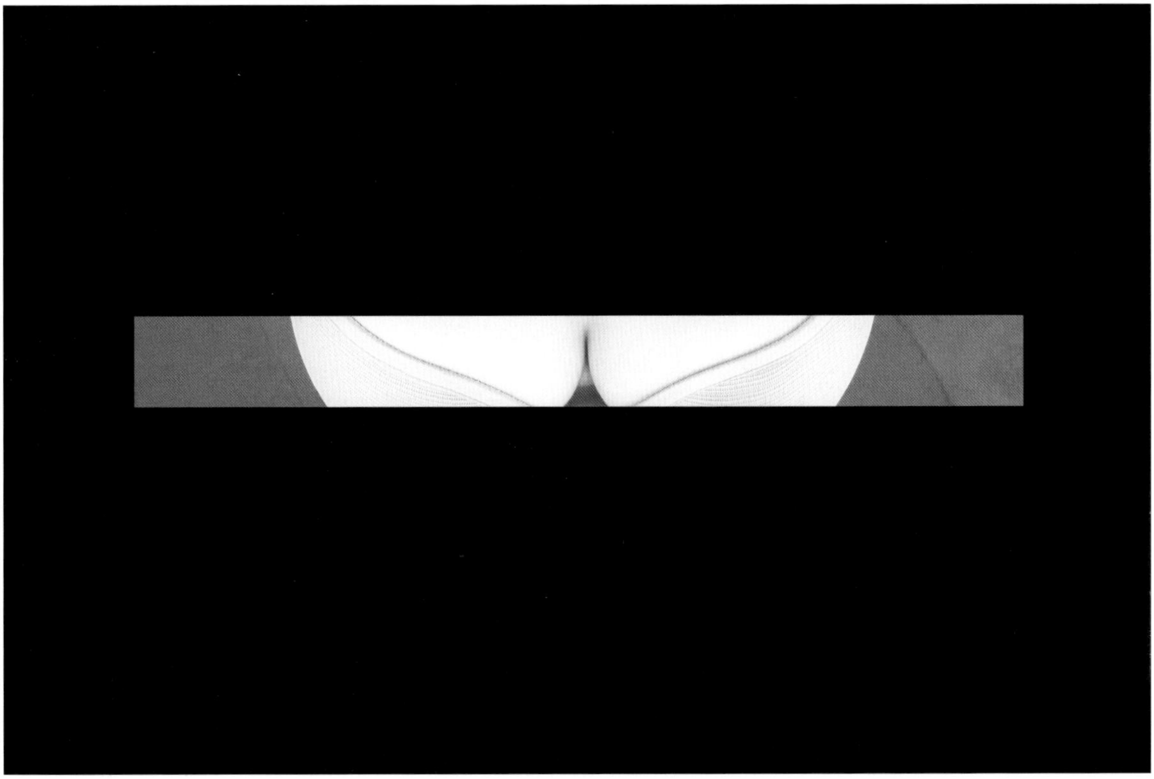

so groß, dass die Motive noch erkennbar sind. Was am analogen Kontaktbogen dann mit rotem Filzstift markiert wurde, wird heute angeklickt, das Programm schlägt ein Herz vor, um das Bild als „Favorit" zu speichern. Überlässt man es dann dem Rechner, einen „automatisierten Kontaktabzug" herzustellen, stellt dieser eine Bildfolge der letzten zehn Jahre zusammen, die nur zum Teil chronologisch ist. So enthalten die *Kontaktsheets* private Momente und Bildnotizen Judith Huemers, Inspirationen, Skizzen und Vorstudien zu neuen Arbeiten, Impressionen von Projekten mit Studierenden, Dokumentationen eigener Kunstwerke, fertige Ausstellungsansichten oder die Buchpräsentation des Vorgängerbuchs *Judith Huemer Selected Works 1998–2008*. Die *Kontaktsheets* geben einen Einblick, welchen Einflüssen die Künstlerin ausgesetzt war und welche Gegenstände ihre Aufmerksamkeit auf sich ziehen können. Da sie automatisiert erstellt und nicht weiter editiert wurden, stehen Bilder mit den verschiedensten Blickwinkeln und Motivgrößen nebeneinander oder besser, sie springen und bringen eine Bewegung in die Seiten, die bei Judith Huemer selbst oberste Priorität hat: „Ich muss in Bewegung sein!"

Was in diesen dichten Bilderbögen deutlich wird, ist ein wiederkehrendes Formenvokabular und die Bedeutung von Farbe in Judith Huemers Werk. Kantige Formen wie die Balkone, die über die Hauskante hinausragen (und vielleicht die ungewöhnliche Hängung der Exponate in Linz inspiriert haben), oder Holzrahmen für mögliche Bilder wechseln sich mit bauchigen Formen ab: Brüste, ein Babybauch, ein oranger Kürbis, gelber Blütenstaub, azurblauer Himmel, rosa Inkarnat, festlicher Schmuck, Kleidungsstücke in Pink, Grün, Blau, bunte Teppiche aus Marokko. Obwohl uns die Natur mit Farben ohne Ende ausgestattet hat und auch im RGB-Farbraum 16 Millionen Farben definiert sind, hat Farbe in unserem Kulturkreis einen schwierigen Status. Gedeckte Farben werden als würdevoll erachtet, sind nicht „schreiend", denn: „Zu aufdringlich wird sie (die Farbe) zu einer Bedrohung der Innerlichkeit".[5] Farben sind beim Feiern willkommen oder werden mit Urlaub im Süden assoziiert. Freizeit,

book *Judith Huemer Selected Works 1998–2008*. The *Kontaktsheets* give an insight into which influences the artist was exposed to and which objects were able to attract her attention. Since they were generated automatically and not further edited, images with the most different angles and motif sizes are juxtaposed or, better, they jump and bring a movement into the pages, which is the highest priority for Judith Huemer herself: "I have to keep moving!"

What becomes clear in these dense picture sheets is a recurrent vocabulary of forms and the meaning of color in Judith Huemer's work. Angular shapes such as the balconies that protrude beyond the house edge (and perhaps have inspired the unusual hanging of the exhibits in Linz), or wooden frames for possible images alternate with bulbous shapes: breasts, a baby belly, an orange pumpkin, yellow pollen, azure blue sky, pink flesh tones, festive jewelry, garments in pink, green and blue, colorful carpets from Morocco. Although nature has endowed us with endless colors and 16 million colors have been defined in the RGB color space, color has a difficult status in our culture. Muted colors are considered dignified, are not "screaming" because: "If deemed too spectacular, it (the color) becomes a threat to inwardness."[5] Colors are welcome when celebrating or associated with holidays in the South. Leisure, children's clothing, toys and sweets may or should be colorful, the courage to use color is likewise greater with short-lived products, because until you have looked at them enough, they are passé or broken. The small, passionate color accent in front of the spacious white ambience is also tolerable. An elegance of the uncolorful, the "discrete 'tints' and 'shades,'"[5] outweighs it while nature lavishly throws colors and shapes around, creates colorful natural spectacles (rainbows, blossoms, fruits, etc.) or has designed nuptial plumage for the mating season. The color theme evokes many reactions in Judith Huemer: Why is it the case that colors are quickly

page 125
Exhibition view
Landesgalerie Linz/Austria, Museum for
Modern and Contemporary Art, 2013

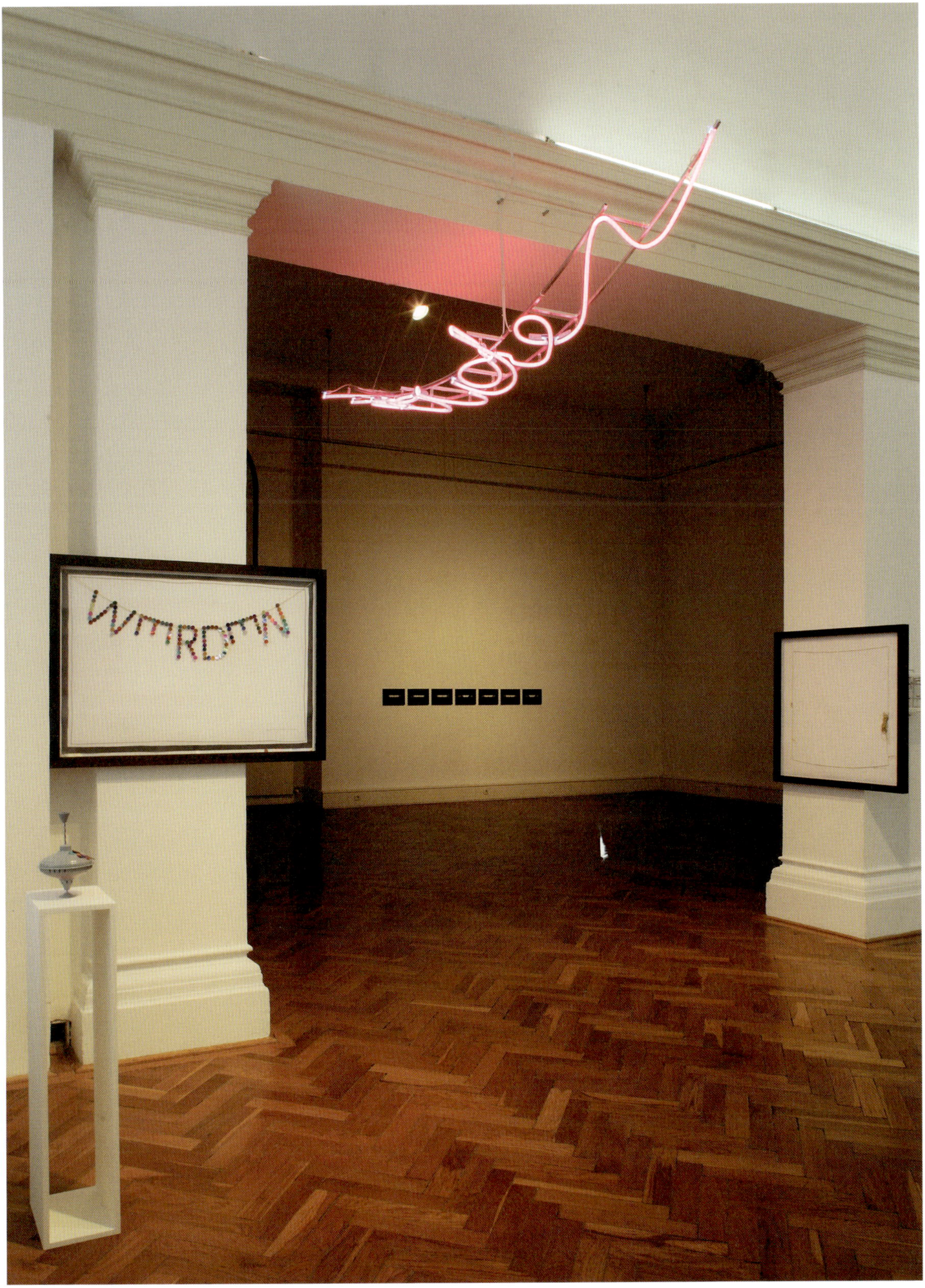

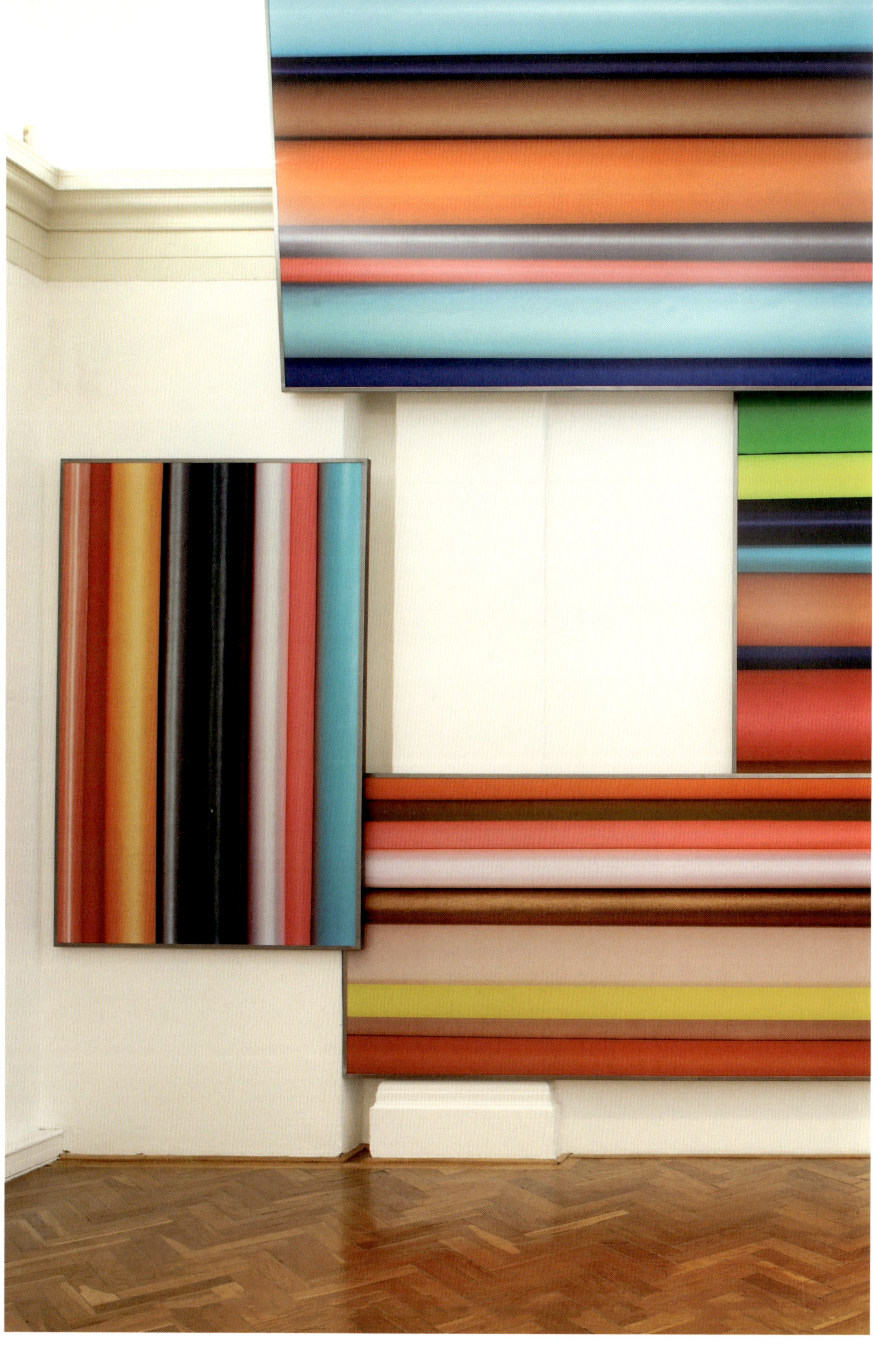

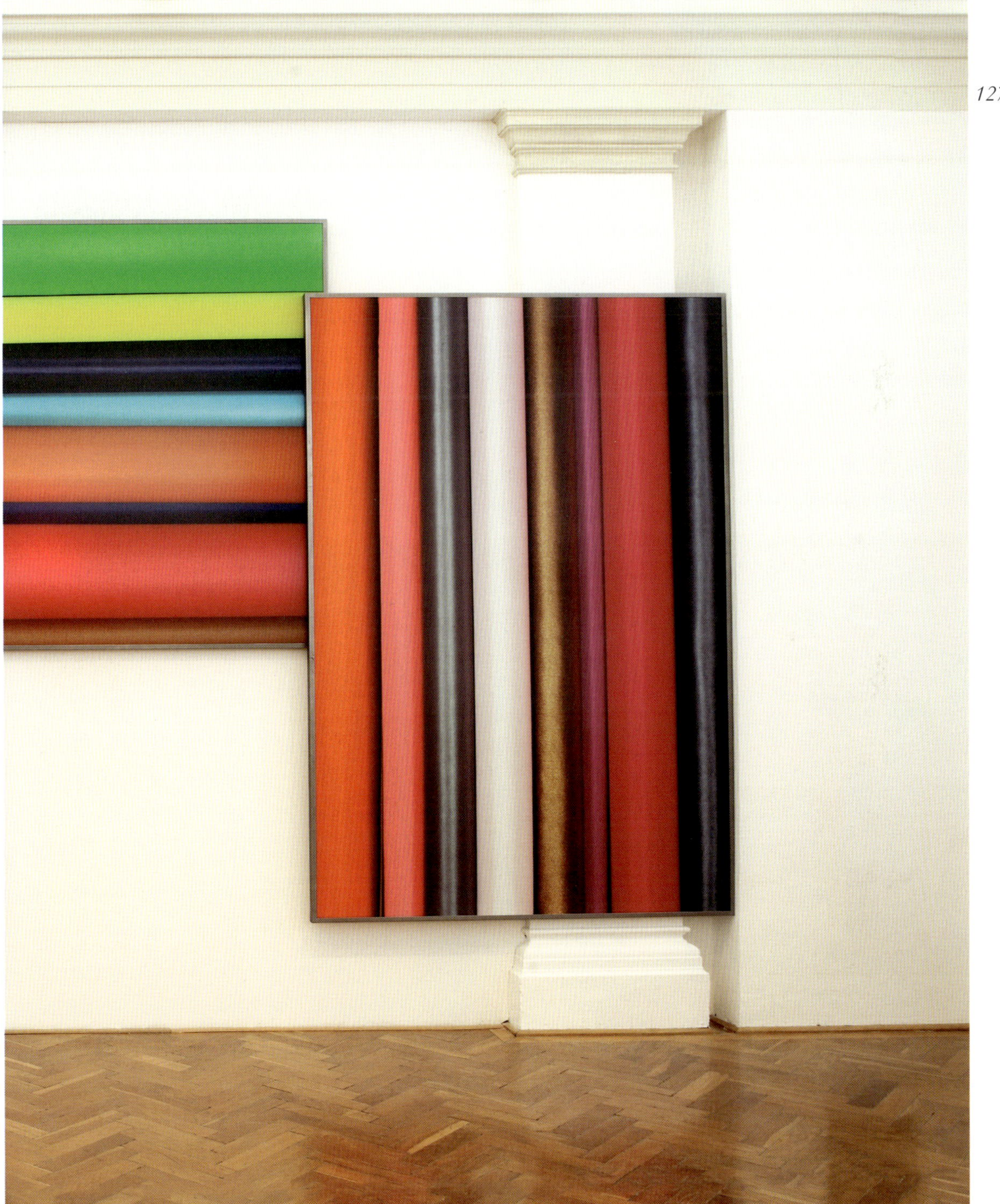

Kinderbekleidung, Spielsachen und Süßigkeiten dürfen bzw. sollen bunt sein, bei kurzlebigen Produkten ist der Mut zur Farbe ebenfalls größer, denn bis man sich an ihnen sattgesehen hätte, sind sie out oder kaputt. Der kleine, leidenschaftliche Farbakzent vor dem weiträumigen weißen Ambiente ist ebenfalls tolerierbar. Es überwiegt eine Eleganz des Unbunten, der „diskreten Töne und Nuancen"[5], während die Natur mit Farben und Formen verschwenderisch um sich wirft, farbenprächtige Naturschauspiele hervorbringt (Regenbögen, Blüten, Früchte etc.) oder ein Prachtkleid für die Paarungszeit entworfen hat. Das Thema Farben evoziert bei Judith Huemer viele Reaktionen: Warum ist es so, dass Farben schnell als „schreiend" gelten oder als aufdringlich oder gewagt, und ihre TrägerInnen als mutig? Warum soll Pink feminin sein?

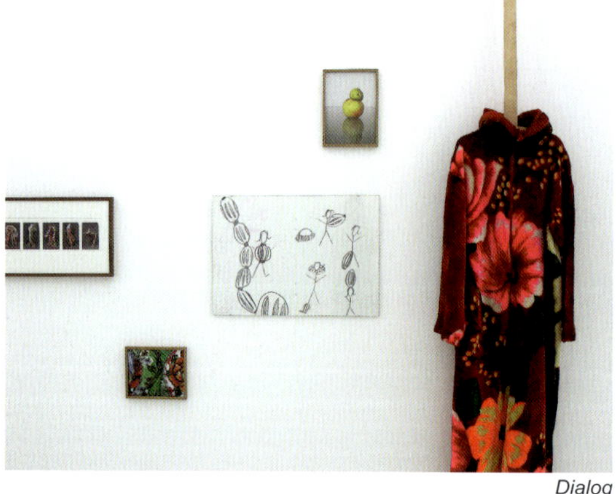

Dialog

Stadtgalerie Salzburg, 2012

Der Purismus des Schwarzweißen hat lange Zeit Haushalt und Industrie beherrscht: schwarze Autos, schwarze Schreib- und andere Maschinen, Schwarzweißfilme, schwarzweiße Fotos. Obwohl es seit 1915 möglich gewesen wäre, hat man den Kinofilm nicht auf Farbe umgestellt, weil man Farben als obszön empfand – „all die leuchtenden Töne wurden der protestantischen Ethik geopfert"[6], schreibt Pastoureau.[6] Auch in der Fotografie wurde von Walker Evans etwa die Farbe als „vulgär" empfunden und von Roland Barthes als „unnötige Schminke",

considered as "screaming" or as obtrusive or daring, and their wearers as courageous? Why should pink be feminine?

The purism of black and white has long dominated the household and industry: black cars, black typewriters and other machines, black and white films, black and white photos. Although it would have been possible since 1915, the movie was not switched to color because it was perceived as obscene—"all the bright tones were sacrificed to Protestant ethics," writes Pastoureau.[6] In photography as well, Walker Evans perceived color as "vulgar" and Roland Barthes as "unnecessary make-up," which covers up the true traces of a photographic image.[7] Still today, that branch of photography called "art photography" is predominantly black and white.

"Color is stronger than language," one would like to hear Louise Bourgeois exclaim again.[8] She knew that colors (as well in music) reach our senses faster and more intensively. The tendency towards quiet colors is just like as if you would avoid too flashy words, as if you would want to remain polite and to always play it close to the vest. "Pink is feminine. It represents a liking and acceptance of the self."[8] Is the flamingo more feminine than the stork? Is the cloudy sky preferable to the cloudless sky and the rain filtering the colors out of the world to the rainbow? Judith Huemer's reaction to discrete colors is a contraposition, with a variety of hues and increased intensity for the sake of liveliness. Because: Discretion is the little sister of the taboo. And: Color is not just a possibility of appearance, but a variable that can significantly have an effect on perception.

---

[1] Cf. Schamma Schahadat, „Intertextualität: Lektüre – Text – Intertext", Miltos Pechlivanos et al. (eds.),

page 127
Exhibition view
Landesgalerie Linz/Austria, Museum for
Modern and Contemporary Art, 2013

page 129
Exhibition view
Landesgalerie Linz/Austria, Museum for
Modern and Contemporary Art, 2013

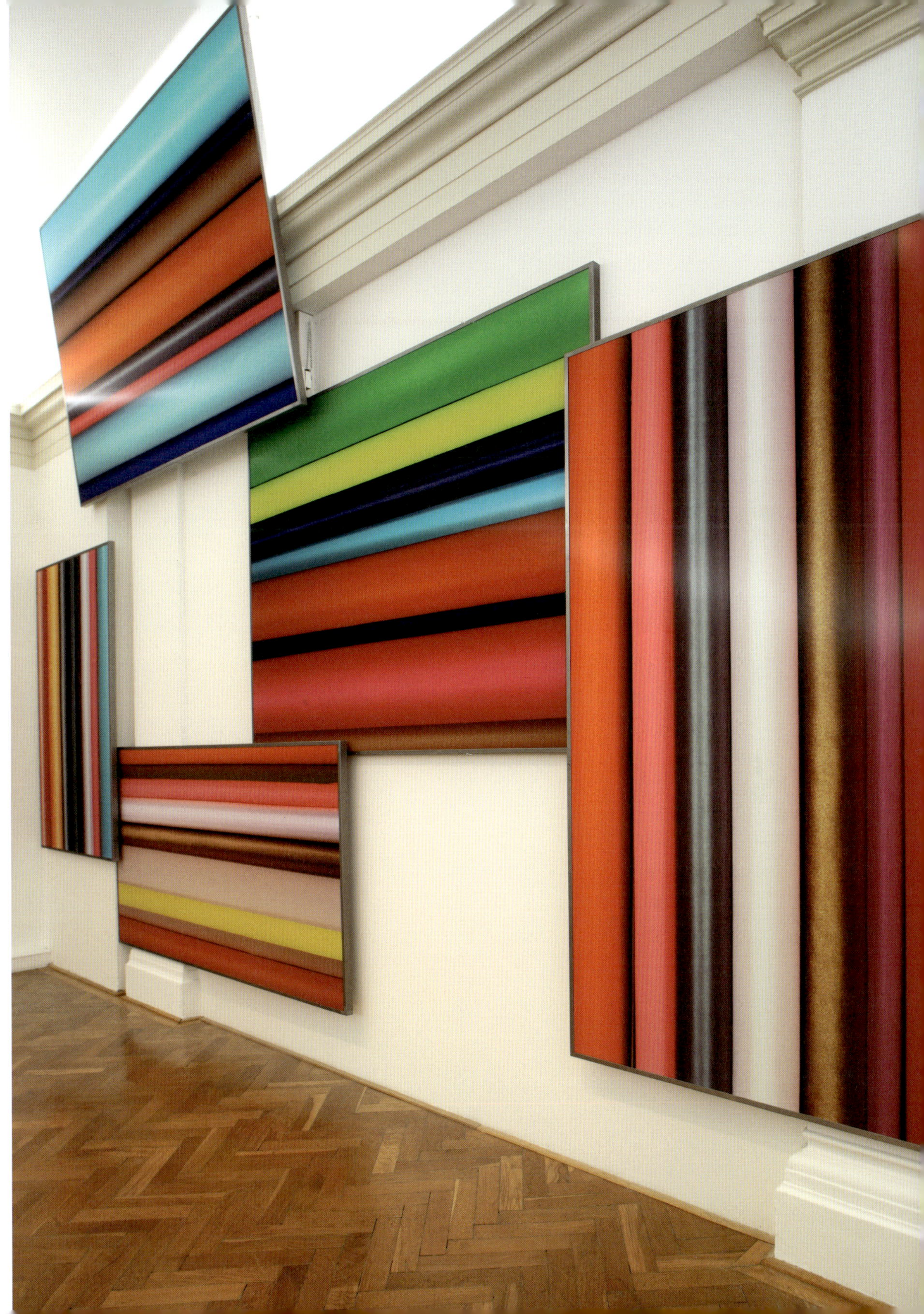

welche die wahren Spuren eines fotografischen Bildes übertünche.[7] Noch heute ist jener Zweig der Fotografie, der als „Kunstfotografie" bezeichnet wird, vornehmlich schwarzweiß.

„Color is stronger than language", möchte man wieder Louise Bourgeois einwerfen hören.[8] Sie wusste, dass Farben (wie auch Musik) schneller und intensiver unsere Sinne erreichen. Der Hang zu dezenten Farben ist gerade so, als würde man zu auffällige Worte meiden, als würde man höflich bleiben wollen und sich stets bedeckt halten. „Pink is feminine. It represents a liking and acceptance of the self."[8] Ist der Flamingo femininer als der Storch? Ist der bedeckte dem wolkenlosen Himmel vorzuziehen und der Regen, der die Farben aus der Welt filtert, dem Regenbogen? Judith Huemers Reaktion auf diskrete Farben ist eine Gegenposition, mit einer Vielfalt an Farbtönen und einer gesteigerten Intensität, um der Lebendigkeit willen. Denn: Diskretion ist die kleine Schwester des Tabus. Und: Farbe ist nicht einfach eine Möglichkeit der Erscheinung, sondern eine Variable, die sich maßgeblich auf die Wahrnehmung auswirken kann.

---

[1] Vgl. Schamma Schahadat, Intertextualität: Lektüre – Text – Intertext. In: Einführung in die Literaturwissenschaft, Stuttgart 1995, S. 374.

[2] Ruth Horak, Lustvoller Widerstand. In: Judith Huemer, Selected Works 1998–2008, Salzburg: Fotohof edition.

[3] Man darf nicht vergessen, dass auch diese Materialien erst durch Bearbeitung zu Kunstwerken werden.

[4] Vgl. Michael Fried, Warum Photographie als Kunst so bedeutend ist wie nie zuvor. München 2014, S. 351, 353.

[5] Jean Baudrillard über den „Stimmungswert Farbe", in: Das System der Dinge. Über unser Verhältnis zu den alltäglichen Gegenständen, Frankfurt/M. 1999, S. 43.

[6] https://kurier.at/wissen/michel-pastoureau-die-geschichte-der-farbe-schwarz/233.977.858.

Einführung in die Literaturwissenschaft, Stuttgart 1995, p. 374.

[2] Ruth Horak, "Pleasureable Resistance," Judith Huemer, Selected Works 1998–2008, Salzburg: Fotohof edition.

[3] It should not be forgotten that these materials first become works of art through processing.

[4] Cf. Michael Fried, Why Photography Matters as Art as Never Before. New Haven, CT and London, 2008.

[5] Jean Baudrillard on "Atmospheric Values: Colour," The System of Objects, London, 1996, p. 31.

[6] https://kurier.at/wissen/michel-pastoureau-die-geschichte-der-farbe-schwarz/233.977.858.

[7] Quoted in "Joel Sternfeld – Farbfotografie seit 1970: Farbe und Konzept", http://www.artmagazine.cc/content62649.html.

[8] Invitation card to the exhibition Louise Bourgeois, The Fabric Works, Cheim & Read 2011, NYC.

AND colorful, AND turquoise, AND metallic, AND light pink, AND pink
Gerald Trimmel

Created in the period between 2010 and 2013, the five-part photo series *UND* (AND) by the artist Judith Huemer unfolds its compositional potential at the aesthetic-semiotic interface of textile surface structures (woven fabrics).

Textiles owe their origin to a densification process of threads that usually cross at right angles. The complementary tension forces that result between warp threads and weft threads structure an extremely flat spatial object.

Woven fabrics are a medium of line, surface and space at the same time. In their materiality, they refer to a variety of processes: continuous expansion, synchronized advancement, protective enveloping, mysterious concealment, watchful limitation, isolating exclusion.

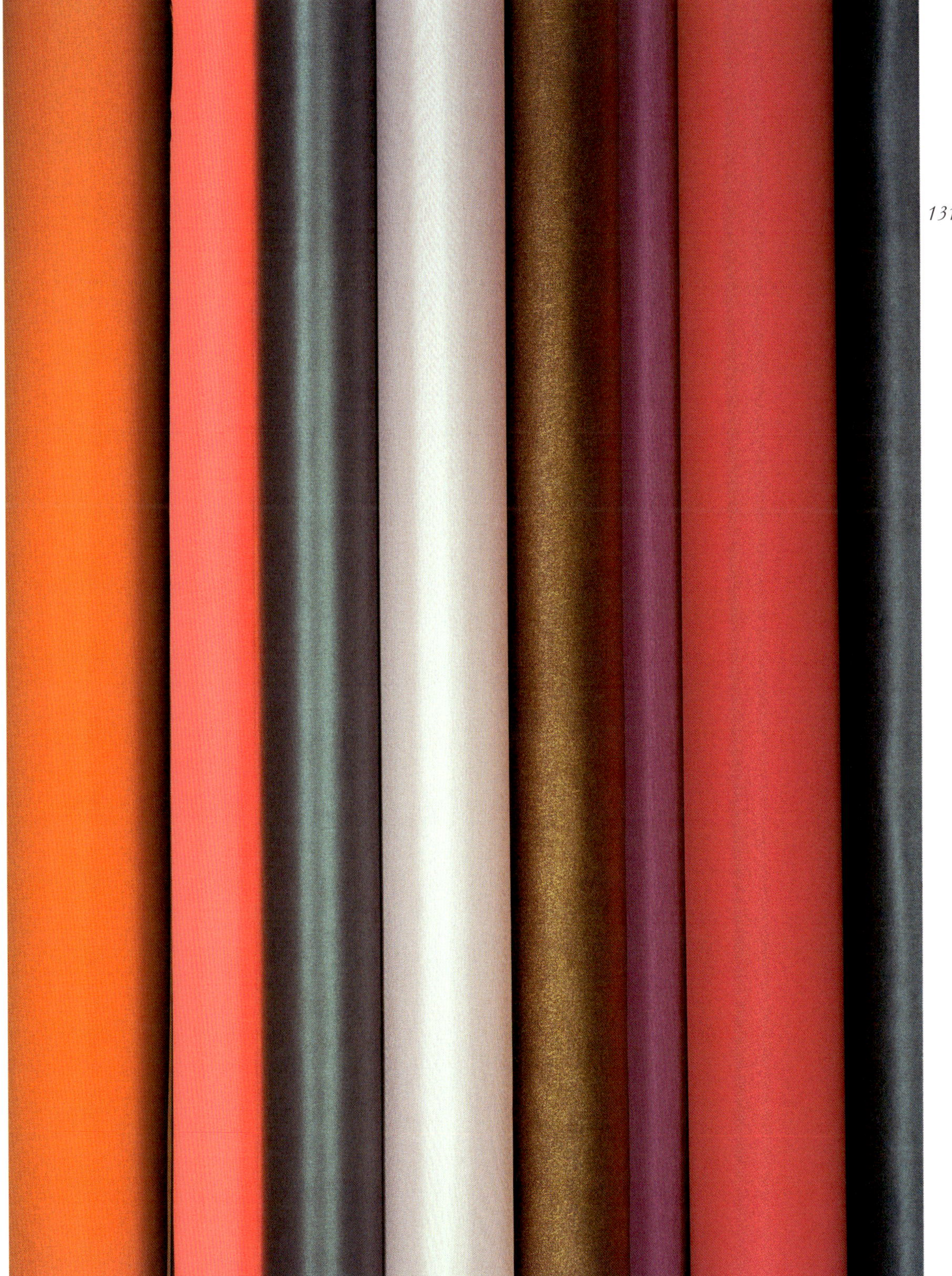

⁷ Joel Sternfeld – Farbfotografie seit 1970: Farbe und Konzept. http://www.artmagazine.cc/content62649.html.
⁸ Einladungskarte zur Ausstellung Louise Bourgeois, The Fabric Works, Cheim & Read 2011, NYC.

UND bunt, UND türkis, UND metallic, UND hellrosa, UND pink
Gerald Trimmel

Die fünfteilige Foto-Serie *UND* der Künstlerin Judith Huemer, die im Zeitraum zwischen 2010 und 2013 entstanden ist, entfaltet ihr kompositorisches Potenzial an der ästhetisch-semiotischen Schnittstelle von textilen Flächengebilden (Geweben).

Textilien verdanken ihre Entstehung einem Verdichtungsprozess von sich üblicherweise rechtwinklig überkreuzenden Fäden. Die komplementären Spannkräfte, die sich zwischen Kettfaden und Schussfaden ergeben, strukturieren ein extrem flaches Raumobjekt.

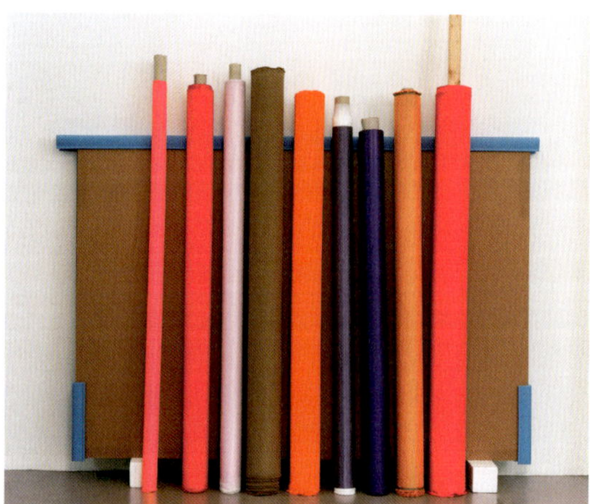

Vielheit (Multiplicity)

Pigment print, 96 x 103 cm
Landesgalerie Linz/Austria, Museum for
Modern and Contemporary Art, 2013

Gewebe sind ein Medium der Linie, der Fläche und des Raumes zugleich. In ihrer Materialität verweisen sie auf eine Vielzahl von Prozessen: kontinuierliches Expandieren, getaktetes Vorrücken, schützendes Umhüllen, geheimnisvolles Verbergen, wachsames Begrenzen, isolierendes Ausschließen.

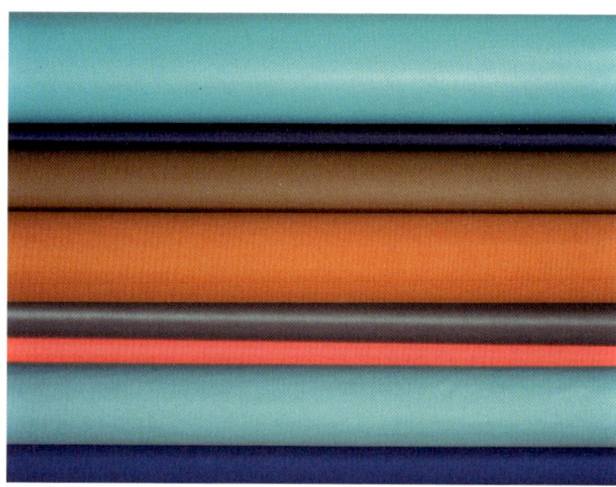

UND türkis (AND turquoise)
p.135

C-print, 182 x 262 cm
Landesgalerie Linz/Austria, Museum for
Modern and Contemporary Art, 2013

The color and structure of a fabric are, on the one hand, sensual articulation and, on the other hand, reflexive code which expresses the material characteristics. Social roles and power relations, as well as individual sensitivities and emotions, manifest themselves in the narrative subtext.

An important impulse for the emergence of the series *UND* was the artist's confrontation with the writings of the French philosopher Gilles Deleuze.¹ His call to not concentrate on one starting point or end point, but on the essential—the "in between," the "middle of it"—, led to the choice of the design medium fabric/cloth/textile, and subsequently to the concrete implementation concept.

"And," the eponymous conjunction, very concretely refers to this "in-between," to a "before" and an "after," to a dynamic system defined by dissemination and valence.

The starting point for the realization is standardized arrangements of parallel fabric rolls, which are photographically reproduced with the utmost meticulousness in order to integrate the resistance potential of the material—such as tiny wrinkles or irregularities in the texture—into the works. Numerous preliminary studies—intermediate results

page 133
UND pink (AND pink) 2013
C-print, 213 x 138 cm

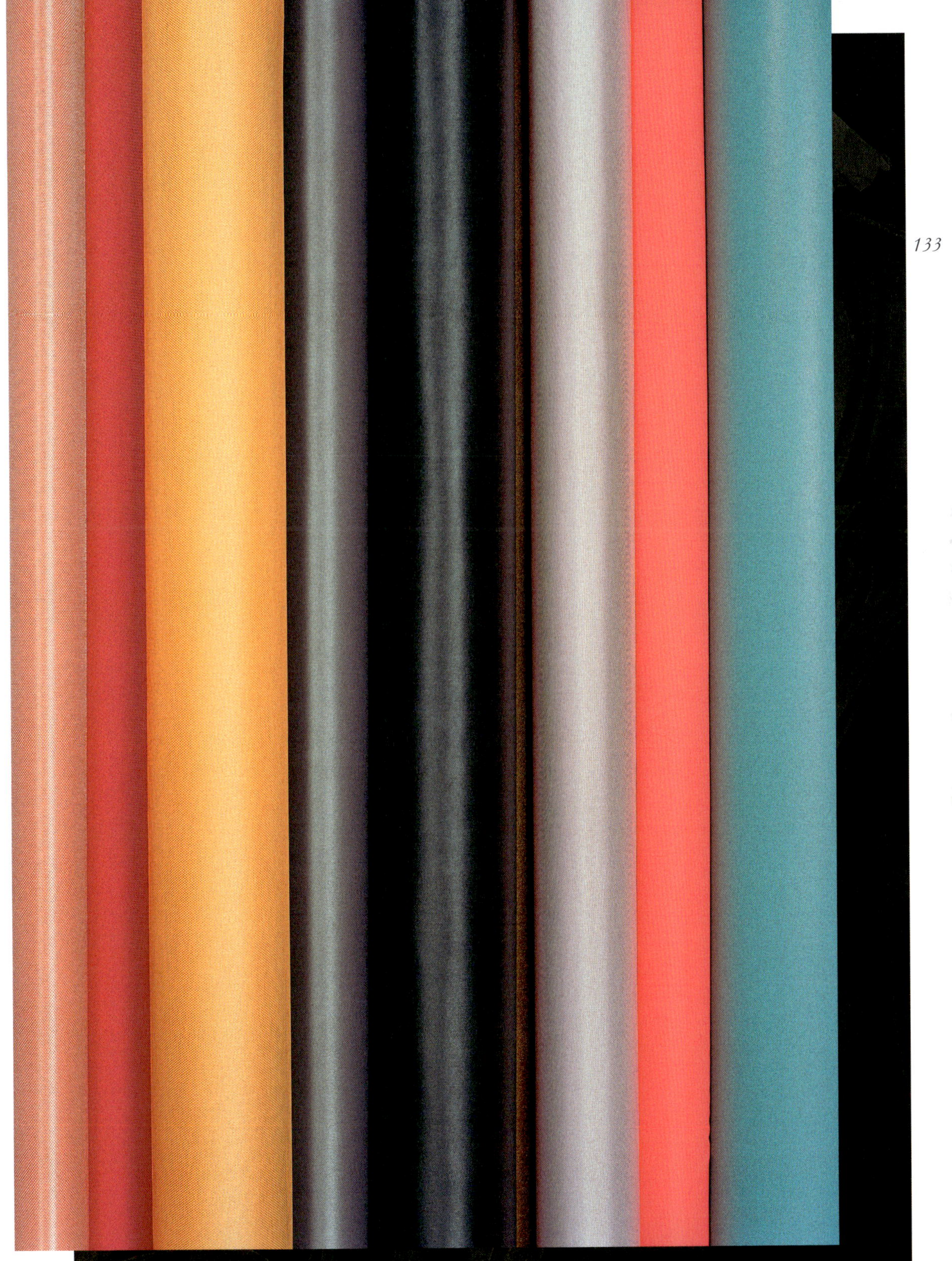

Farbe und Struktur eines Gewebes sind einerseits sinnliche Artikulation und andererseits reflexiver Code, der die stoffliche Charakteristik zum Ausdruck bringt. Im narrativen Subtext manifestieren sich soziale Rollen und Machtverhältnisse ebenso wie individuelle Befindlichkeiten und Emotionen.

Ein wichtiger Impuls für die Entstehung der Serie *UND* war die Auseinandersetzung der Künstlerin mit den Schriften des französischen Philosophen Gilles Deleuze[1]. Seine Aufforderung, sich nicht auf einen Anfangspunkt oder Endpunkt zu konzentrieren, sondern auf das Wesentliche – das „Dazwischen", das „Mittendrin" –, führte zur Wahl des Gestaltungsmediums Stoff/Gewebe/Textil und in weiterer Folge zum konkreten Umsetzungskonzept.

„Und", die titelgebende Konjunktion, verweist ganz konkret auf dieses „Dazwischen", auf ein „Davor" und ein „Danach", auf ein dynamisches System, das sich durch Ausbreitung und Valenz definiert.

Den Ausgangspunkt für die Realisierung bilden standardisierte Anordnungen paralleler Stoffrollen, die mit größter Akribie fotografisch reproduziert werden, um auch das Widerstandspotenzial des Materials – etwa winzige Falten oder Unregelmäßigkeiten in der Textur – in die Werke zu integrieren. Zahlreiche Vorstudien – Zwischenergebnisse aufwendiger Testreihen – belegen die technischen Herausforderungen dieses Projekts.

Die fotografische Transformation der Stoffrollen ist ein zentraler Gestaltungsprozess der Werkserie. Durch den Einsatz der technischen Apparatur erfolgt jene ästhetische Kodierung der Objektkonstellation, die zum künstlerischen Werk führt. In Judith Huemers Bildern avanciert das Medium Fotografie zu einem umfassenden Instrumentarium der Forschung. Durch den sorgfältig gestalteten indexikalischen Prozess der analogen fotografischen Reproduktion mit einer Mittelformatkamera wird zunächst der forschende Blick der Künstlerin auf das Material in das Werk eingebettet. Im Wechselspiel von Räumlichkeit und Flachheit, durch die Lichtreflexionen und Schattierungen des Materials und die kompositorischen Bildparameter werden

of elaborate test series—attest to the technical challenges of this project.

The photographic transformation of the fabric rolls is a central design process of the work series. Through the use of the technical apparatus, the aesthetic coding of the object constellation that leads to the artistic work takes place. In Judith Huemer's pictures, the medium of photography becomes a comprehensive instrument of research. The artist's exploring gaze is initially embedded on the material in the work through the carefully designed, indexical process of analogue photographic reproduction with a medium format camera. In the interplay of spatiality and flatness, through the light reflections and shades of the material and the compositional image parameters, the works are then charged with visual energy and the essential questions formulated.

In the photographic image, the focus shifts from the haptic materiality to the storage medium of temporal duration, which ultimately leaves everything material behind. The fabric rolls transcend several levels of the temporal: the time span of all production processes—from the weaving to the dyeing to the finishing in roll forms—the aesthetic signatures of their production period and the potential of that time elapsing during the unrolling process.

Huemer's strictly horizontally or vertically aligned pictorial compositions refuse a virtuoso permutation of over-coded meanings and instead rely on the accuracy of a minimalist lyricism.

As part of the exhibition presentation at the Landesgalerie Linz, 2013, the five works *UND bunt, UND türkis, UND metallic, UND hellrosa, UND pink* (AND colorful, AND turquoise, AND metallic, AND light pink, AND pink) appear as a fractal ensemble: The individual pieces are reminiscent of screens or windows, whose fragmentary effect soon directs attention to the off, to the continuation of the image vectors beyond the perceptual horizon of the images.

page 135
Exhibition view
Landesgalerie Linz/Austria, Museum for
Modern and Contemporary Art, 2013

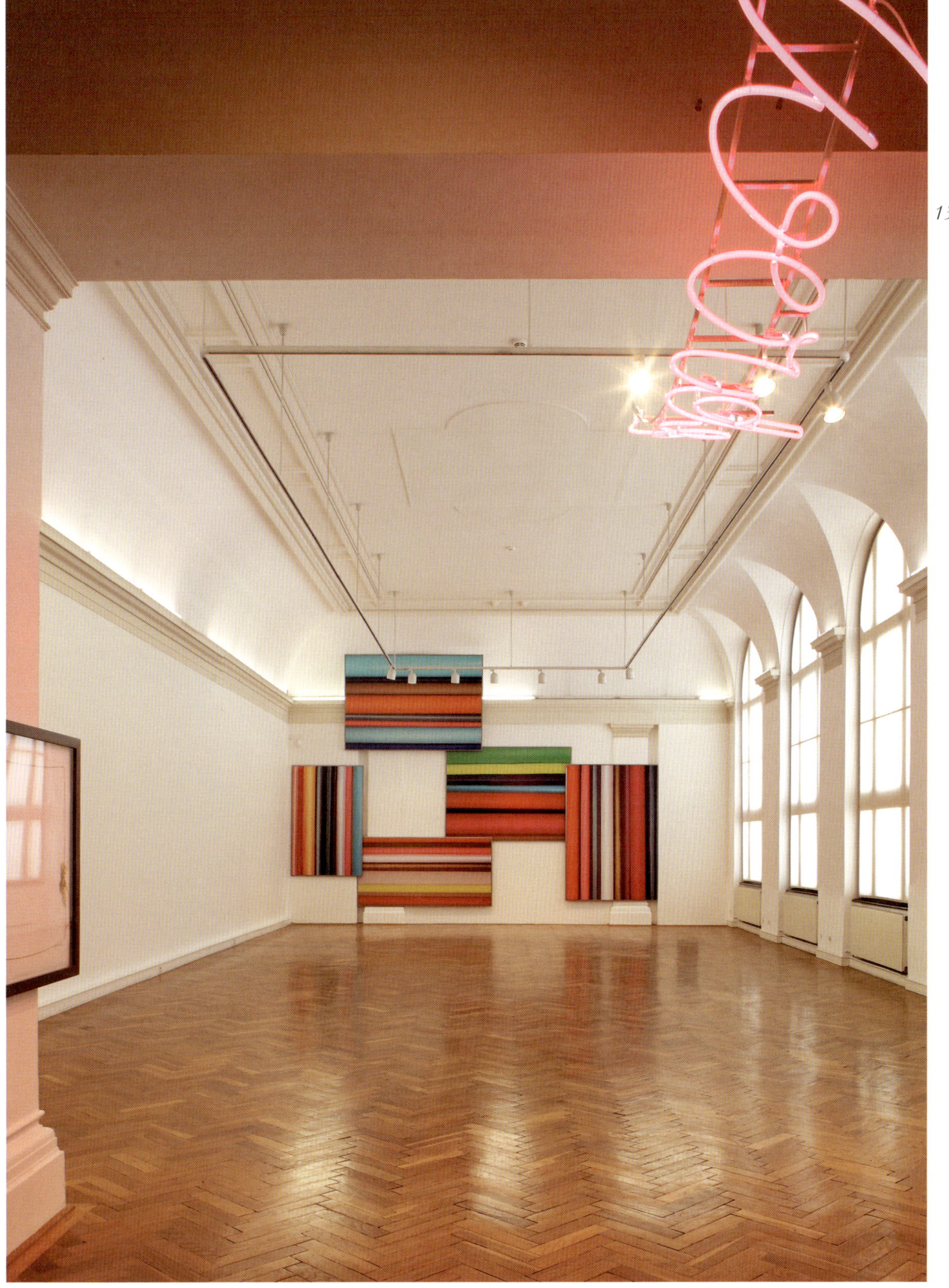

dann die Arbeiten mit visueller Energie aufgeladen und die wesentlichen Fragestellungen formuliert.

Im fotografischen Bild verlagert sich der Fokus von der haptischen Materialität zum Speichermedium zeitlicher Dauer, das schließlich alles Materielle hinter sich lässt. Die Stoffrollen transzendieren mehrere Ebenen des Zeitlichen: die Zeitspanne sämtlicher Produktionsprozesse – vom Weben über das Färben bis zur Fertigstellung in Rollenform –, die ästhetischen Signaturen ihrer Herstellungszeit und das Potenzial jener Zeit, die beim Entrollen verstreichen wird.

Huemers strikt horizontal oder vertikal ausgerichtete Bildkompositionen verweigern sich einem virtuosen Durchdeklinieren übercodierter Bedeutungsmöglichkeiten und vertrauen stattdessen auf die Genauigkeit einer minimalistischen Lyrik.

Im Rahmen der Ausstellungspräsentation in der Landesgalerie Linz erscheinen die fünf Werke *UND bunt, UND türkis, UND metallic, UND hellrosa, UND pink* als fraktales Ensemble: Die einzelnen Arbeiten erinnern an Screens beziehungsweise Fenster, deren fragmentarische Wirkung die Aufmerksamkeit bald auf das Off, auf die Fortsetzung der Bildvektoren über den Wahrnehmungshorizont der Bilder hinaus, lenkt.

Alle Bilder sind geringfügig überlappend positioniert und formen eine übergeordnete Struktur, ein Mittendrin im Raum, das rasch auch die kompositorische Verknüpfung mit den architektonischen Elementen des Raumes eingeht.

Die hermetisch gebündelten Ausschnitte und deren signifikante Spannkraft führen zu Einschnitten in den Raum; dieser wird neu konfiguriert und in ein erweitertes, offenes Bildsystem transformiert, das dennoch eine eigentümliche Leichtigkeit bewahrt.

---

1 Im speziellen Fall: Gilles Deleuze, Claire Parnet: Dialoge. Frankfurt/M. 1980.

All images are positioned in a slightly overlapping manner and form a superordinate structure, an "in the middle" in the room, which quickly enters into a compositional connection with the architectural elements of the space as well.

The hermetically concentrated details and their significant elasticity lead to incisions in the space; this is reconfigured and transformed into an expanded, open picture system, which nevertheless retains a peculiar lightness.

---

1 In this particular case: Gilles Deleuze and Claire Parnet, Dialogues, London, 1987.

It Is the Assemblage
Isabella Diessl

FIRST THINGS FIRST My first visit at Judith Huemer's studio. They are beautiful spaces in Vienna's second district, not far from Augarten, bright and tidy. It is easy to get into conversation with Judith Huemer; one is immediately taken by her heartfelt way. One word leads to another, and one listens when she talks about thinking things over and thinking things through, about things that come to mind, happen coincidentally or become apparent, about the meaning of colors, places and non-places, and the power of repetition. Often it is something she has said or read that does not let go of her, something overheard, occurring every day, blathered about, irritating.

On this hot summer day she has cut up three different types of melon, green, yellow and red—indicative for me once again because of the colorfulness and diversity of the artist in the self and in the artistic expression. Yes, it is noticeable that Judith does not like to drape herself in the color code of artists and intellectuals. Instead, she wears bright colors. My eyes keep wandering to a fluffy pink hat, perched on a pole like a lampshade that

136

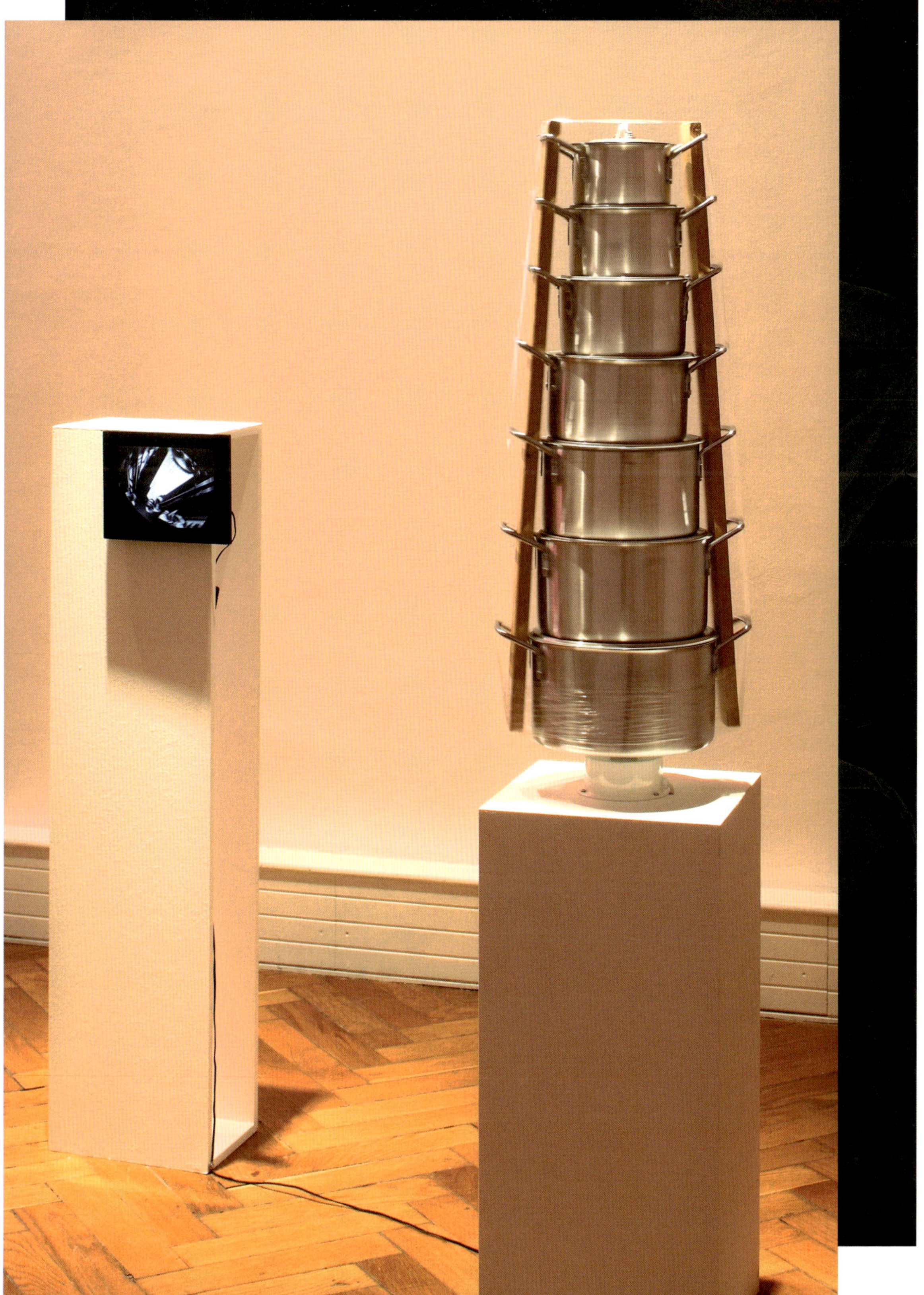

Es ist die Verkettung

Isabella Diessl

ZUERST EINMAL Mein erster Atelierbesuch bei Judith Huemer. Es sind schöne Räume im zweiten Bezirk, unweit des Augartens, hell und aufgeräumt. Mit Judith Huemer ist es leicht, ins Gespräch zu kommen, man ist gleich eingenommen von der herzlichen Art. Ein Wort ergibt das andere, und man hört zu, wenn sie übers Nachdenken und Ausdenken, übers Einfallen, Zufallen und Auffallen, über die Bedeutung von Farben, Orte und Nicht-Orte und die Kraft der Wiederholung erzählt. Oft ist es etwas Gesagtes oder Gelesenes, das sie nicht wieder loslässt, etwas Aufgeschnapptes. Alltägliches, Dahergeredetes, Irritierendes.

An diesem heißen Sommertag hat sie drei verschiedene Melonensorten aufgeschnitten, grüne, gelbe und rote – für mich schon wieder bezeichnend wegen der Buntheit und Vielfältigkeit der Künstlerin im Selbst und im künstlerischen Ausdruck. Ja, es fällt auf, dass sich Judith nicht in den Colour-Code der KünstlerInnen und Intellektuellen hüllen mag. Stattdessen trägt sie Farbstarkes. Meine Augen wandern immer wieder zu einem flauschig rosa Hut, der auf einer Stange thront wie ein verrückt gewordener Lampenschirm. Doris Day lässt grüßen. Judith Huemer erzählt, dass sie diesen Hut in einem Modistengeschäft gesehen hat und ihn sofort haben musste. Und sie trägt ihn auch, zu besonderen Anlässen oder für eigene Projekte. Jetzt zieht sie ein altes Sony-Ericsson-Handy aus einer Lade, lässt eine kurze Filmsequenz ablaufen und erzählt, wie der Hut zu einer kleinen Nebenrolle in einer ihrer Arbeiten kam.

GRÜSS GOTT GUTEN TAG „Sag schön: Grüß Gott!" Mit dieser Empfehlung sind wir groß geworden. Besonders wer am Land sozialisiert wurde. Wir sind gut damit gefahren. Aber irgendwann, in der großen Stadt, kamen wir damit ins Schleudern. Da wurde der Gott, den zu grüßen wir andere aufforderten, schon ziemlich hinterfragt. Und ist es nicht eine verzwickte Angelegenheit, Nicht- oder Andersgläubigen mit diesem Gruß aus der Kindheit entgegenzutreten? Ja, darf man das denn heute noch,

has gone bonkers. Greetings from Doris Day. Judith Huemer explains that she saw this hat in a fashion store and needed to have it at once. And she also wears it, on special occasions or for her own projects. Now she pulls an old Sony Ericsson mobile phone from a drawer, lets a short film run, and tells how the hat came to play a small supporting role in one of her works.

GRÜSS GOTT GUTEN TAG "Be nice and say: Grüß Gott!" We grew up with this recommendation. Especially those who were socialized on the countryside. It always served us well. But at some point, in the big city, we started hitting choppy waters. That's when the God whom we prompted others to greet was brought into question quite a bit. And isn't it a tricky matter to confront non-believers or those of other faiths with this childhood greeting? Yes, is that even still allowed today? Is that still politically correct? Anyone who welcomes people from other cultures and religions with this automatic, but certainly sincerely meant "Grüß Gott" is sometimes frowned upon. But doesn't it just belong to a person, this "Grüß Gott?"

Luckily, there is this Protestant and neutral "Guten Tag" as a variation. But let's just say it like it is: For some, this greeting sounds pretty awkward, stilted, not authentic. While the "Grüß Gott," oiled by centuries, seems to plop out all by itself.

It is the questioning of such an everyday thing like this greeting that the artist cannot let go of. This "has always been said this way" and "has always been done this way" is what interests her. Culture, origin, homeland. Themes of our identity-confused age. And this greeting always stands at the beginning of every communication.

So Judith Huemer lets off steam. She is, like in many of her projects, part of her own work. Dressed as if she was about to leave the apartment, wearing a coat and hat (the pink one), but without shoes. She leans out the window and speaks the two greetings "Grüß Gott Guten Tag" in constant repetition, but

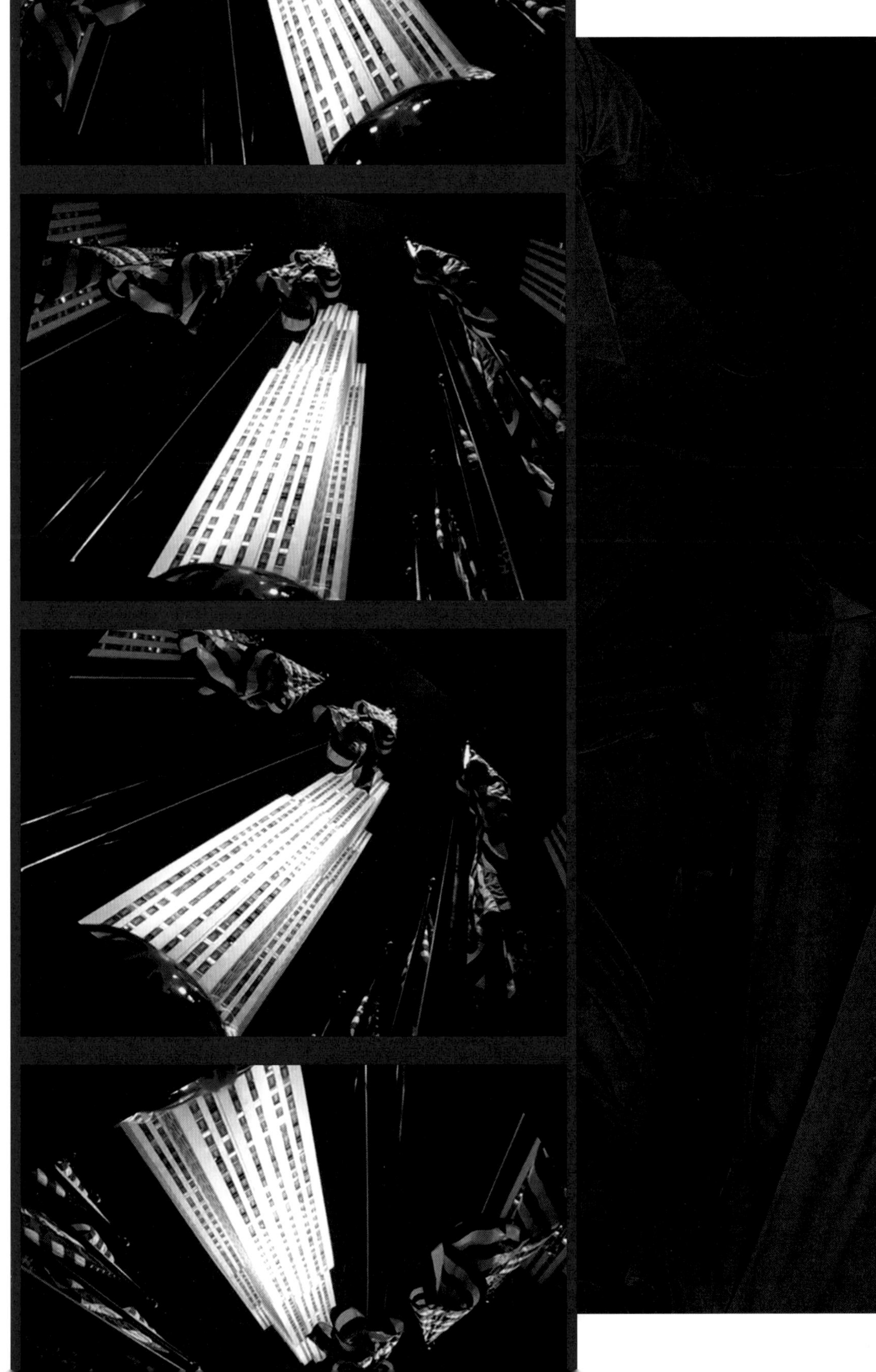

ist das noch politisch korrekt? Wer Menschen aus anderen Kulturen und Religionen mit diesem automatischen, aber sicher herzlich gemeinten „Grüß Gott" begrüßt, wird hier und da auch mal schief angeschaut. Aber gehört es nicht einfach zu einem dazu, dieses „Grüß Gott"?

Zum Glück gibt es dieses protestantische und neutrale „Guten Tag" als Variation. Doch sagen wir es, wie es ist: Für manchen hört sich diese Grußbotschaft ganz schön holprig, gestelzt, nicht authentisch an. Während das „Grüß Gott", durch Jahrhunderte geölt, ganz von allein herauszuplumpsen scheint.

Es ist das Infragestellen von so etwas Alltäglichem wie diesem Gruß, das die Künstlerin nicht mehr loslässt. Dieses „immer so Gesagte" und „immer so Gemachte" ist das, was sie interessiert. Kultur, Herkunft, Heimat. Themen unserer identitätsverwirrten Zeit. Und am Anfang jeder Kommunikation steht immer der Gruß.

Also macht sich Judith Huemer Luft. Sie ist, wie bei vielen ihrer Projekte, selbst Teil ihrer Arbeit. Zurechtgemacht, als würde sie gleich die Wohnung verlassen wollen, mit Mantel und Hut (eben dem rosaroten), jedoch ohne Schuhe. Sie lehnt sich aus dem Fenster und spricht die beiden Grußbotschaften "Grüß Gott Guten Tag" in ständiger Wiederholung, aber mit wechselnder Betonung. Ein Stilmittel, das die Künstlerin oft bei ihren Arbeiten einsetzt. Durch die unterschiedlichen Betonungen verschieben sich die Grenzen der Bedeutungen, aber auch die Wertung. Schroff, fragend, freundlich, hinrotzend. "Grüß Gott Guten Tag." Das eine ist der gehörte und gelernte Gruß aus der Kindheit, das andere der neutrale und weniger barocke Ersatzgruß. Das Video läuft auf dem sehr kleinen Monitor eines Smartphones, im Dauerloop. Das Handy als Kommunikationsmittel und -träger ist treffend gewählt, denn, wie gesagt, beginnt jede Kommunikation mit einer Begrüßung.

In der Eröffnungsausstellung des Dom Museum Wien wurde das Video gleich beim Eingang platziert, neben Verweistafeln, Schaltern zu Notausgang und Brandschutz, Steckdosen. Ein eher uncharmanter Ort, wenn nicht sogar unwürdig. Aber gerade hier

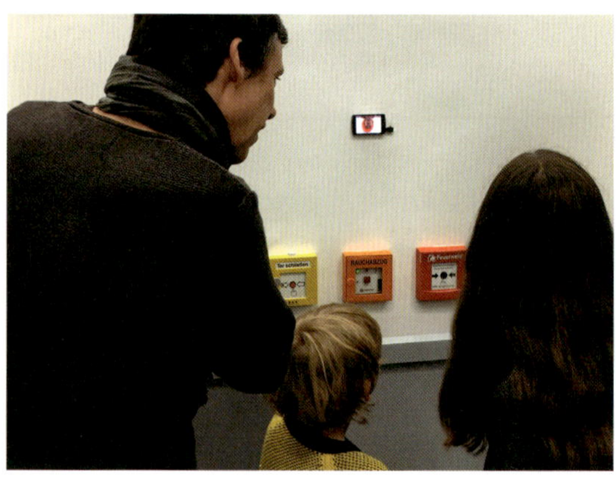

Grüß Gott Guten Tag

Dom Museum Vienna, since 2017
Landesgalerie Burgenland/Austria, 2016
Schlossgalerie Schärding/Austria, 2014

At the opening exhibition of the Dom Museum Wien, the video was placed right at the entrance, next to bulletin boards, emergency exit and fire protection switches, and power outlets. A rather uncharming, if not unworthy place. But precisely here it fits well, the "Grüß Gott Guten Tag." Judith Huemer's work is well-situated in places where nobody else looks so closely in order to draw attention after all. Also to what one has been taught. And in any case, it is fitting to contemplate the primordially catholic greeting deeply ingrained within us in such a catholic place.

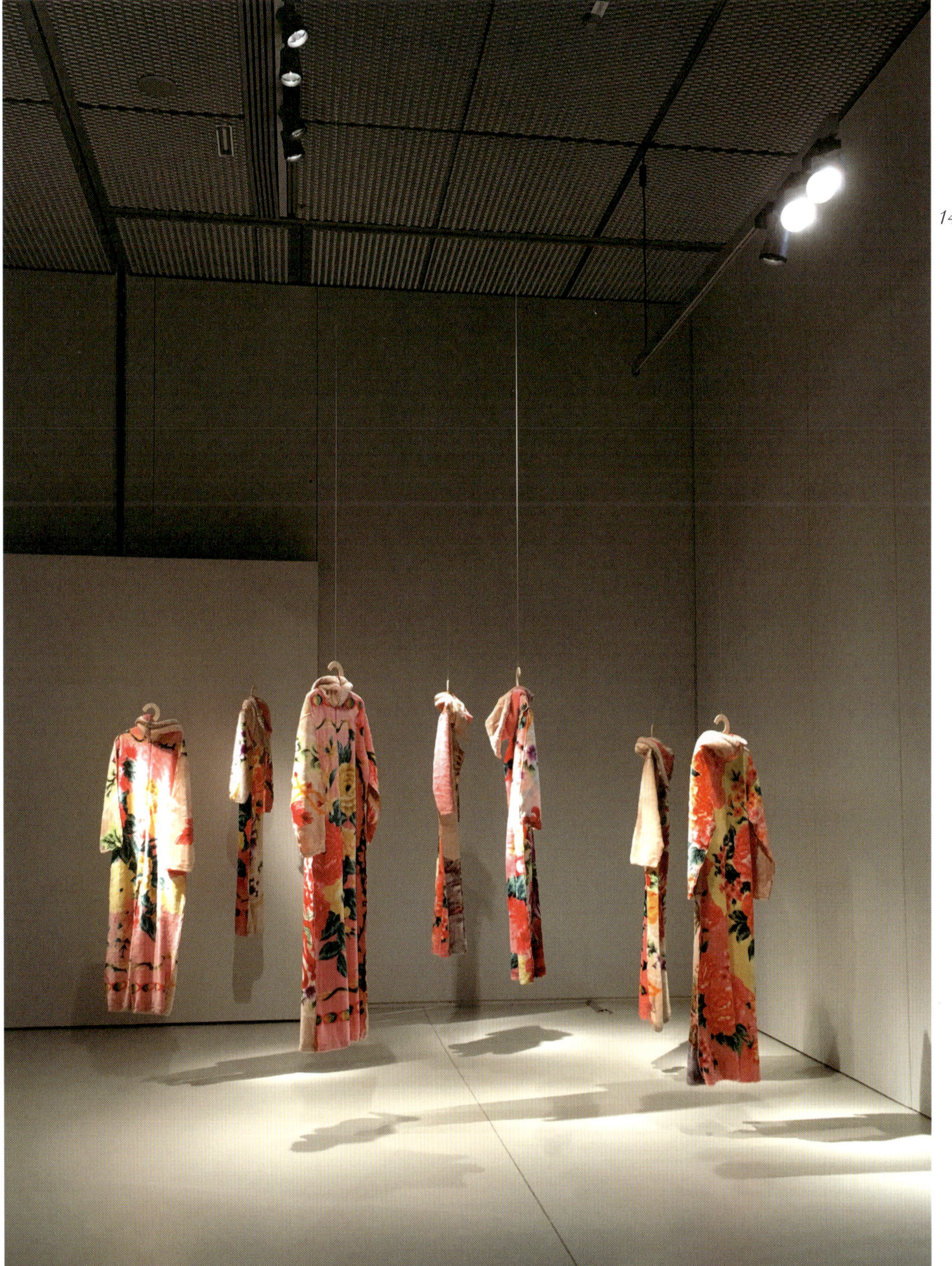

passt es gut, das „Grüß Gott Guten Tag". Wo sonst keiner so genau hinschauen mag, ist die Arbeit von Judith Huemer gut aufgehoben, eben damit hingeschaut wird. Auch auf das Eingelernte. Und ohnehin ist es sehr passend, an einem so katholischen Ort über die mit uns innig verschmolzene urkatholische Begrüßung zu sinnieren.

UND DANN LIEST MAN HANDKE Irgendwann gelangt das Gespräch auch zu der Frage, wie Judith Huemer darauf kommt, dass etwas so und nicht anders umgesetzt wird. Es passiert nie am Schreibtisch, sagt sie, nie, wenn über etwas intensiv nachgedacht wird. Sondern dann, wenn es einem eben zufallen will. „… es berührt mich oder ich berühre es … es nistet sich ein … es will gedacht werden …", notiert Huemer 2013 auf einem Blatt Papier.

Es braucht diese Momente – Zeiten und Situationen frei vom sogenannten Alltagsklumpert, das einen den ganzen Tag über zumüllt –, die Gedachtes, Gelesenes plötzlich stimmig zusammenführen. Diese magischen Momente wie zum Beispiel beim Dösen, wenn man zwischen den Welten ist. Den halbwachen Zustand beim Aufwachen am Morgen. Oder den Übergang zwischen Wachen und Schlafen, den man in der Fachsprache übrigens hypnagog nennt. Auch bei Konzertbesuchen kann so ein Bewusstseinszustand entstehen. Vom Klang umhüllt, ein wenig entrückt und freigespült, bereit für die Zeichen. Genau so ist Judith Huemer die poetische Umsetzung zu einem berührenden Text von Peter Handke eingefallen. Zuerst war da das Geschriebene, Handkes Theaterstück *Über die Dörfer* von 1981, darin der Aufruf der Nova. Gelesen in einer Situation, in der genau diese Zeilen etwas zum Schwingen brachten.

Ein Stück Stoff kam ihr in den Sinn, das von einer anderen Arbeit übrig geblieben war. Diesen Stoff zerschnitt sie – in Streifen und Blöcke, in Rahmen und Schlingen. Den Abschluss des Bild-Text-Zyklus bilden nur mehr ein paar Stoffbrösel. Handkes Text unterteilte Huemer in einzelne Sätze und Abschnitte. Je ein Abschnitt auf einem A4-Blatt und mit Stoff „untermalt". Text trifft Textiles. Insgesamt 20 Blätter.

AND THEN ONE READS HANDKE At some point, the conversation also arrives at the question of how Judith Huemer comes to the fact that something is implemented this way and not otherwise. It never happens at the writing desk, she says, never when something is being intensively pondered over. But rather when it just wants to fall to one. "… it touches me or I touch it … it nestles itself in … it wants to be thought …," Huemer notes on a piece of paper in 2013.

It takes these moments—times and situations free from the so-called everyday junk that clutters one up the whole day—that suddenly harmoniously bring together what you have thought, what you have read. These magical moments, for instance when dozing, when you are between the worlds. The half-awake state when waking up in the morning. Or the transition between waking and sleeping, which is incidentally called hypnagogia in the jargon. Such a state of consciousness can also arise when attending a concert. Wrapped in sound, a little enraptured and rinsed free, ready for the signs. This is exactly how Judith Huemer came up with the poetic transformation of a touching text by Peter Handke. First the written word was there, Handke's play *Über die Dörfer* (*Walk about the Villages*) from 1981, and in it Nova's call. Read in a situation in which exactly these lines struck a chord.

A piece of cloth that was left over from another work came to mind. She cut this material—in strips and blocks, in frames and meshes. Only a few snippets of cloth form the closure of the picture-text cycle. Huemer divided Handke's text into individual sentences and paragraphs. One paragraph each on an A4 sheet and "accentuated" with fabric. Text meets textile. A total of 20 sheets. When the work concluded after a continuous flow, doubt took hold. Of course, she had to first of all inform the author that she had created a new work from his text; otherwise publication was out of the question. In addition: copyright, authorship, objections of the

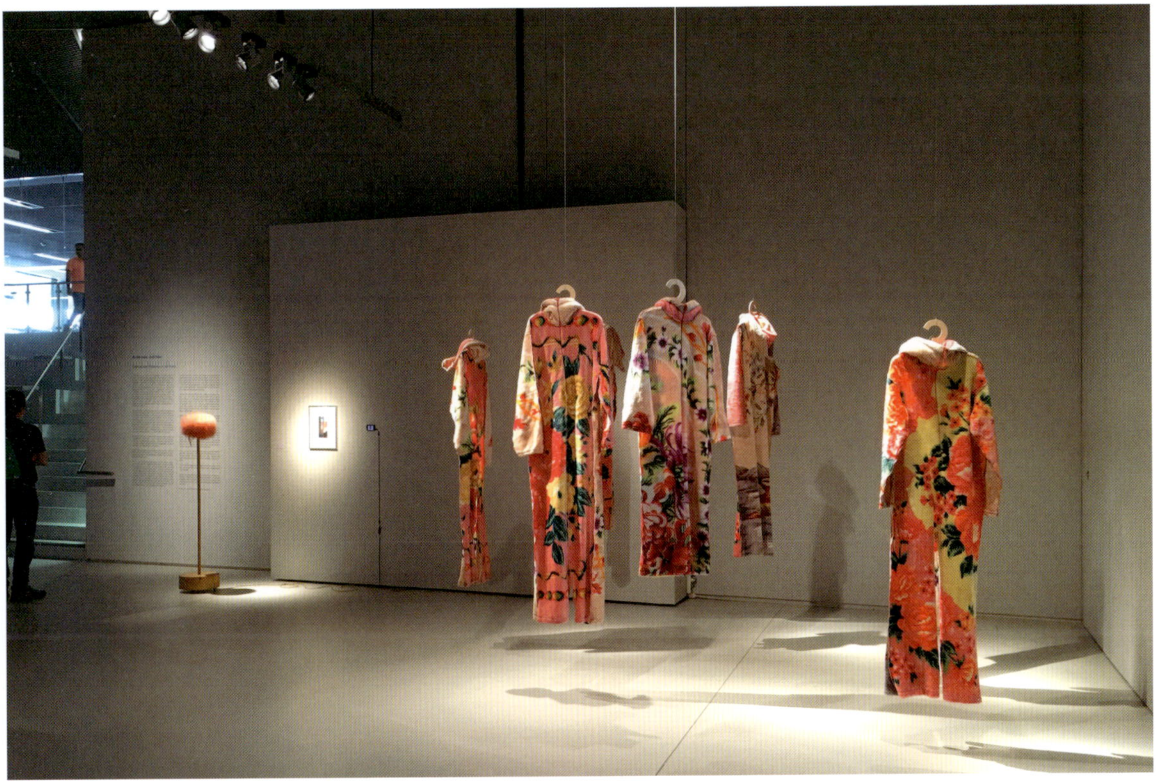

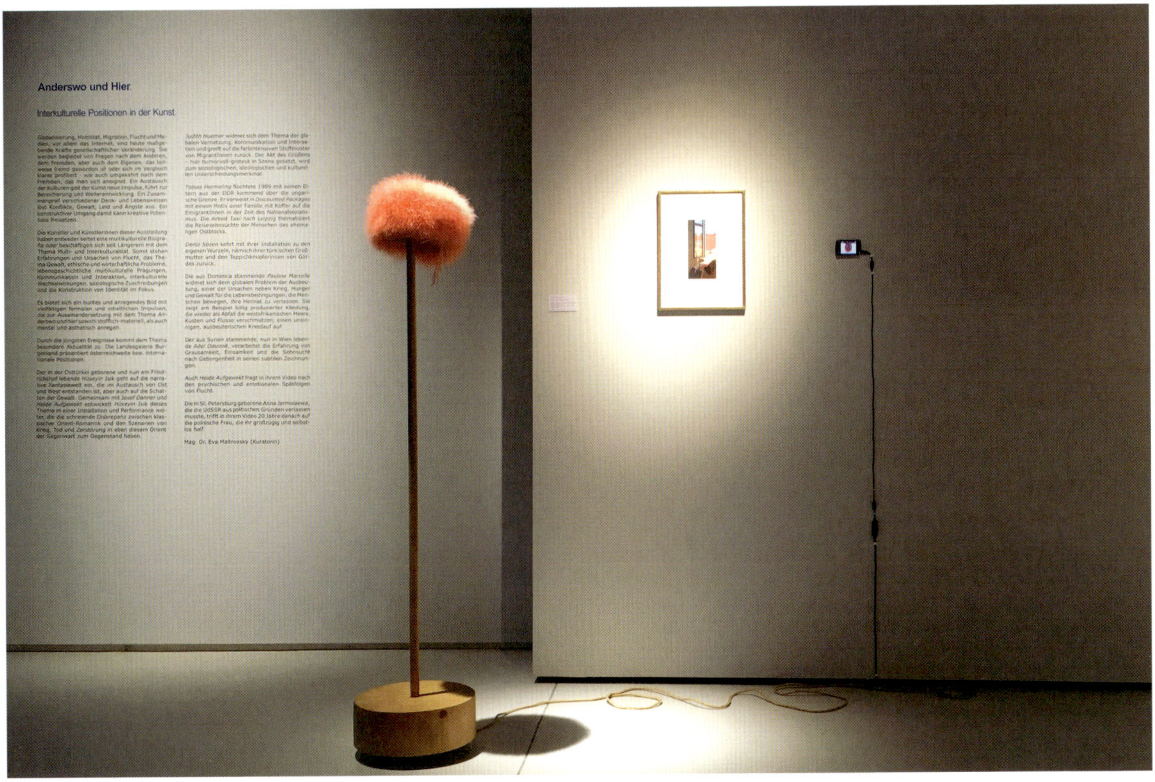

Anderswo und Hier.

Interkulturelle Positionen in der Kunst.

Globalisierung, Mobilität, Migration, Flucht und Medien, vor allem das Internet, sind heute maßgebende Kräfte gesellschaftlicher Veränderung. Sie werden begleitet von Fragen nach dem Anderen, dem Fremden, aber auch dem Eigenen, das teilweise fremd geworden ist oder sich im Vergleich klarer profiliert – wie auch umgekehrt nach dem Fremden, das man sich aneignet. Ein Austausch der Kulturen gibt der Kunst neue Impulse, führt zur Bereicherung und Weiterentwicklung. Ein Zusammenprall verschiedener Denk- und Lebensweisen löst Konflikte, Gewalt, Leid und Ängste aus. Ein konstruktiver Umgang damit kann kreative Potenziale freisetzen.

Die Künstler und Künstlerinnen dieser Ausstellung haben entweder selbst eine multikulturelle Biografie oder beschäftigen sich seit Längerem mit dem Thema Multi- und Interkulturalität. Somit stehen Erfahrungen und Ursachen von Flucht, das Thema Gewalt, ethische und wirtschaftliche Probleme, lebensgeschichtliche multikulturelle Prägungen, Kommunikation und Interaktion, interkulturelle Wechselwirkungen, soziologische Zuschreibungen und die Konstruktion von Identität im Fokus.

Es bietet sich ein buntes und anregendes Bild mit vielfältigen formalen und inhaltlichen Impulsen, die zur Auseinandersetzung mit dem Thema Anderswo und hier sowohl stofflich-materiell, als auch mental und ästhetisch anregen.

Durch die jüngsten Ereignisse kommt dem Thema besondere Aktualität zu. Die Landesgalerie Burgenland präsentiert österreichweite bzw. internationale Positionen.

Der in der Osttürkei geborene und nun am Friedrichshof lebende Hüseyin Isik geht auf die narrative Fantasiewelt ein, die im Austausch von Ost und West entstanden ist, aber auch auf die Schatten der Gewalt. Gemeinsam mit Josef Danner und Heide Aufgewekt entwickelt Hüseyin Isik dieses Thema in einer Installation und Performance weiter, die die schreiende Diskrepanz zwischen klassischer Orient-Romantik und den Szenarien von Krieg, Tod und Zerstörung in eben diesem Orient der Gegenwart zum Gegenstand haben.

Judith Huemer widmet sich dem Thema der globalen Vernetzung, Kommunikation und Interaktion und greift auf die farbintensiven Stoffmuster von MigrantInnen zurück. Der Akt des Grüßens – hier humorvoll-grotesk in Szene gesetzt, wird zum soziologischen, ideologischen und kulturellen Unterscheidungsmerkmal.

Tobias Hermeling flüchtete 1989 mit seinen Eltern aus der DDR kommend über die ungarische Grenze. Er verweist in Discounted Packages mit einem Motiv einer Familie mit Koffer auf die EmigrantInnen in der Zeit des Nationalsozialismus. Die Arbeit Taxi nach Leipzig thematisiert die Reisesehnsüchte der Menschen des ehemaligen Ostblocks.

Deniz Sözen kehrt mit ihrer Installation zu den eigenen Wurzeln, nämlich ihrer türkischen Großmutter und den Teppichknüpferinnen von Gördes zurück.

Die aus Dominica stammende Pauline Marcelle widmet sich dem globalen Problem der Ausbeutung, einer der Ursachen neben Krieg, Hunger und Gewalt für die Lebensbedingungen, die Menschen bewegen, ihre Heimat zu verlassen. Sie zeigt am Beispiel billig produzierter Kleidung, die wieder als Abfall die westafrikanischen Meere, Küsten und Flüsse verschmutzen, einen unsinnigen, ausbeuterischen Kreislauf auf.

Der aus Syrien stammende, nun in Wien lebende Adel Dauood, verarbeitet die Erfahrung von Grausamkeit, Einsamkeit und die Sehnsucht nach Geborgenheit in seinen subtilen Zeichnungen.

Auch Heide Aufgewekt fragt in ihrem Video nach den psychischen und emotionalen Spätfolgen von Flucht.

Die in St. Petersburg geborene Anna Jermolaewa, die die UdSSR aus politischen Gründen verlassen musste, trifft in ihrem Video 20 Jahre danach auf die polnische Frau, die ihr großzügig und selbstlos half.

Mag. Dr. Eva Maltrovsky (Kuratorin)

Als die Arbeit nach einem durchgehenden Arbeitsfluss – oder wie man so schön sagt: Flow – zum Abschluss kam, machten sich Zweifel breit. Sie musste natürlich zuallererst den Autor informieren, dass sie aus seinem Text ein neues Werk geschaffen hatte, sonst war an eine Veröffentlichung nicht zu denken. Mehr noch: Urheberrecht, Autorschaft, Einwände des Verlags oder natürlich auch die des in Frankreich lebenden Künstlers. In Zeiten von Mutlosigkeit können einen Gedanken richtiggehend erschlagen und man neigt dazu, gar nichts zu machen. Wer kennt das nicht. Das fertige Werk hing da allerdings schon an den Wänden des Ateliers und mahnte zum Weitermachen. Judith Huemer kontaktierte den Verlag des Schriftstellers und schilderte die Sachlage. Dort versprach man, einen Brief mit ihrem Ansinnen an den Autor weiterzuleiten. Also schrieb sie diesen Brief und gab ihn nach weiteren Wochen des Bedenkens auf den Postweg. Die Hoffnung war dezent.

„Über die Dörfer – der Aufruf von Nova hat mich zu einer besonderen künstlerischen Arbeit inspiriert. Es war mehr noch als Inspiration, es war einer meiner schönsten Ateliertage im letzten Jahr. Die Werkserie ist wie von selber entstanden, nachdem ich kurz zuvor Ihren Text gelesen hatte, der sich mir und meiner Situation so wunderbar verinnerlicht hat. – Herzlichen Dank Ihnen! Eine 20-teilige Serie ist entstanden, Ihre Zeilen haben sich mit meinen Stoffcollagen verwoben." (Judith Huemer, 31. Juli 2017)

Nach nicht einmal zwei Wochen kam ein Brief aus Frankreich zurück. In den freundlichen und handgeschriebenen Zeilen erklärte sich Peter Handke mit dem öffentlichen Zeigen der Serie einverstanden, die ihn zart und gut anfliege.

In dieser kleinen Entstehungsgeschichte spiegelt sich meiner Meinung nach auch magisch der Aufruf der Nova aus *Über die Dörfer* wider. „Spiele das Spiel".

ABER DAS IST NICHT DAS ENDE Zusätzlich zeigt die Geschichte auch, wie sich Kunstwerke beziehungsweise KünstlerInnen gegenseitig beeinflussen können – ja, beeinflussen sollen und müssen. Sei es in der Musik, in der Dichtung, in der Skulptur,

144

publisher, or naturally of the artist living in France. In times of despondency, a thought can literally kill and one tends to do nothing. Who is not familiar with that? However, the finished work was already hanging on the walls of the studio and urged to carry on. Judith Huemer contacted the writer's publisher and described the situation. They promised to forward a letter with her request to the author. So she wrote this letter and sent it by mail after several weeks of misgiving. Hope was restrained.

"Walk about the Villages—Nova's call inspired me to a special artistic work. It was more than inspiration; it was one of my most beautiful studio days last year. The series of works came about as if by themselves, shortly after I had read your text, which so wonderfully internalized me and my situation.— Thank you very much! A 20-part series has been created; your lines have woven themselves into my fabric collages." (Judith Huemer, July 31, 2017)

After less than two weeks, a letter from France returned. In the friendly and handwritten lines Peter Handke declared his agreement to the public showing of the series, which approached him in a tender and good way.

In my opinion, Nova's call from *Walk about the Village*s is also reflected magically in this little origin story. "Play the game."

BUT THIS IS NOT THE END In addition, the story also shows how artworks or artists can influence each other—yes, should and must influence. Be it in music, in poetry, in sculpture, in image, dance, play, etc. Isn't everything connected with everything? That's how I would also interpret the words of Novalis, who said: "In the end, the thinker knows how to make something out of anything."[1] However, the prerequisite for the ability to "make something out of anything" lies in a certain facility or aptitude: an intellect that discovers or creates correspondences between different things, and can thus establish surprising relationships. Novalis also

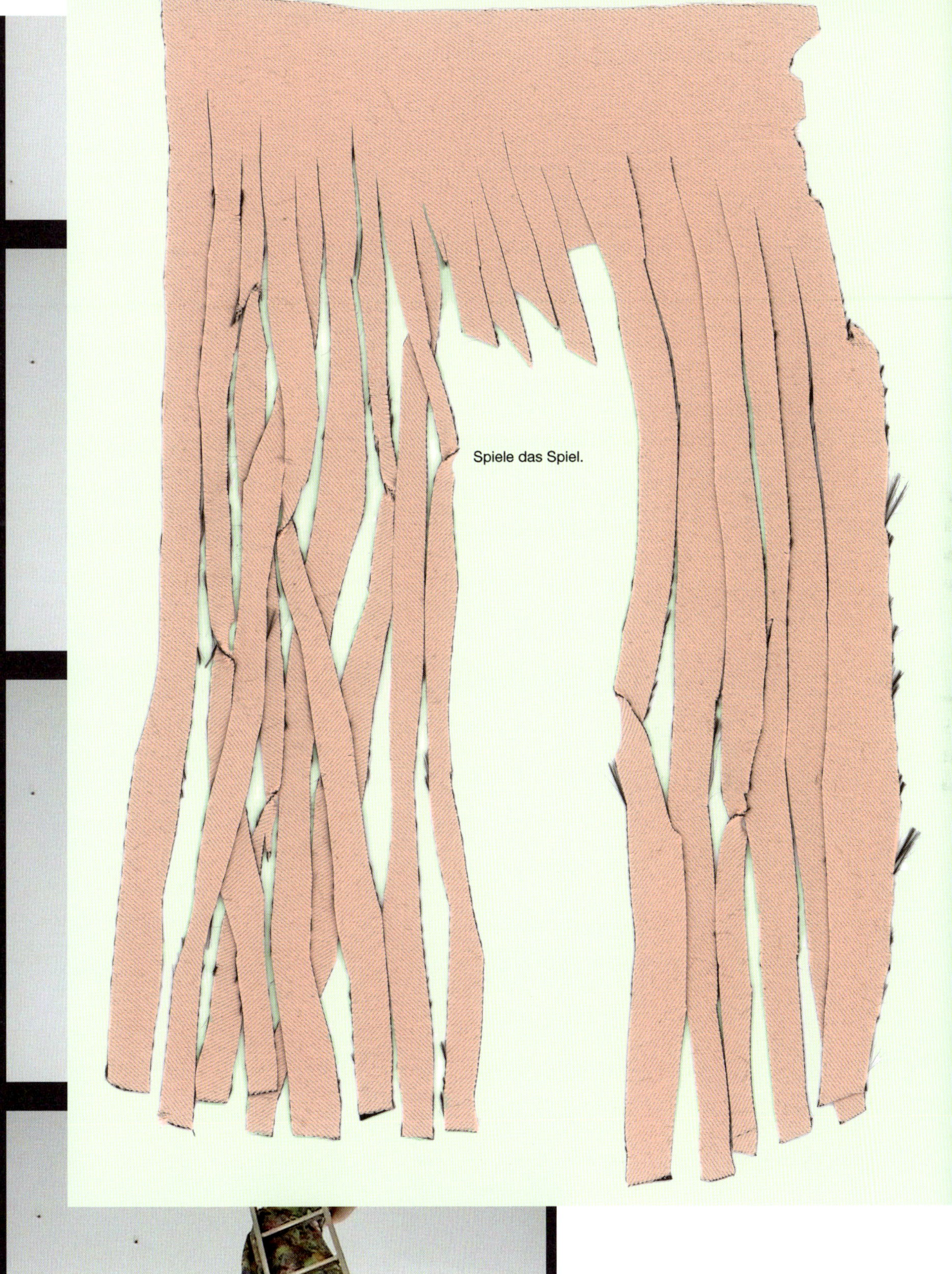
Spiele das Spiel.

im Bild, Tanz, Spiel etc. Ist nicht alles mit allem verbunden? So würde ich auch die Worte von Novalis interpretieren, der meinte: „am Ende weiß der Denker aus jedem alles zu machen".[1] Die Voraussetzung für die Fähigkeit, „aus jedem alles zu machen", liegt allerdings in einer bestimmten Anlage oder Begabung: ein Intellekt, der Übereinstimmungen zwischen unterschiedlichen Dingen entdeckt oder sie herstellen und dadurch in überraschende Beziehungen setzen kann. Novalis nennt dies auch das „Prinzip der Verwandtschaften", oder wie Schlegel es nennt: den „kombinatorischen Geist".

Verkettung (Assemblage)

Elastic string, paper, pigment print, 90 x 90 cm
Schlossgalerie Schärding/Austria, 2014
Landesgalerie Linz/Austria, Museum for
Modern and Contemporary Art, 2013

Ein Kunstwerk ist demnach das Ergebnis umfassender Studien – auch wenn vieles noch so spontan und intuitiv wirkt. Was sich so expressiv in einem Moment zu entladen scheint, dem sind oft jahrelang zusammengetragene Eindrücke und Erkenntnisse vorangegangen. In dieser Tradition sehe ich auch die Arbeiten von Judith Huemer. Exemplarisch dafür ist eine ihrer Arbeiten aus dem Jahr 2011/12, in der sie ein Zitat aus *Dialoge* von Gilles Deleuze und Claire Parnet visualisiert: „Die kleinste reale Einheit ist nicht das Wort, nicht die Idee oder der Begriff und nicht der Signifikant – es ist die Verkettung."[2] Eine goldene, elastische Schnur ist im Viereck aufgespannt, sie verheddert sich an einer Seite zum

calls this the "principle of affinities," or as Schlegel calls it: the "combinatory spirit."

Accordingly, a work of art is the result of extensive studies—even if many things seem so spontaneous and intuitive. What seems to discharge itself so expressively in a single moment is often preceded by many years of collected impressions and insights. I also see the work of Judith Huemer in this tradition. Exemplary for this is one of her pieces from the year 2011/12, in which she visualizes a quote from Gilles Deleuze and Claire Parnet in *Dialogues*: "The minimum real unit is not the word, the idea, the concept or the signifier—it is the assemblage."[2] A golden, elastic cord is stretched in the square; it gets tangled into a ball on one side. The cited quote (in German) can be read in the lower right corner of the picture. Title of the work: *Verkettung* (Assemblage).

How come it hits me every time I look at the work of Judith Huemer, and then I start to discover and combine? Also when reading the work titles, which are profound? Judith Huemer's art speaks to me, makes me think or laugh, in short: grabs my soul. That's the way it should be with good art.

———————

[1] Novalis, quoted in Rauch, Angelika. The Hieroglyph of Tradition: Freud, Benjamin, Gadamer, Novalis, Kant. Cranbury, NJ 2000, p. 129.
[2] Gilles Deleuze and Claire Parnet. Dialogues. London, 1987, p. 51.

The Sculptural Image
Nina Schedlmayer

When Christian Boltanski arranged around 200,000 second-hand garments in rectangles on the ground at the Monumenta in 2010, an association ran through the media perception like a thread: That the clothing came from the dead. It was probably suggested from the artist's work that the monumental installation had something to do with death;

Gefährde die Arbeit noch mehr.

Knäuel. Rechts unten im Bild ist das erwähnte Zitat zu lesen. Titel der Arbeit: *Verkettung*.

Wie kommt es, dass es mich jedes Mal erwischt, wenn ich die Arbeiten von Judith Huemer betrachte, und ich dann selbst anfange zu entdecken und kombinieren? Auch beim Lesen der Werktitel, die es in sich haben? Judith Huemers Kunst spricht zu mir, bringt mich zum Nachdenken oder zum Lachen, kurz: packt mich an der Seele. So soll das sein, bei guter Kunst.

---

[1] Novalis, Fragmente I, Kap. 5, hg. Ernst Kamnitzer, Dresden 1928.
[2] Gilles Deleuze, Claire Parnet, Dialoge. Frankfurt/M. 1980, S. 59.

Das skulpturale Bild
Nina Schedlmayer

Als Christian Boltanski 2010 bei der Monumenta rund 200.000 gebrauchte Kleidungsstücke in Karrees am Boden arrangierte, zog sich in der medialen Wahrnehmung eine Assoziation wie ein Faden durch: dass das Gewand von Toten stamme. Es lag wohl aus dem Werk des Künstlers heraus nahe, dass die monumentale Installation mit dem Tod zu tun habe; zudem weckte das Arrangement Erinnerungen an Gräberfelder. „They were young, they were old, they were not ready to die, poor departed souls who leave nothing behind but shucked garments. Mown down, laid out in groups, they have all met a terrible end", assoziierte etwa Laura Cumming am 17.1.2010 im *Guardian*.[1] Tatsächlich stammten die Kleidungsstücke vom Trödler.

Die – von Boltanski gewiss angestrebte – Interpretation dieser Arbeit zeigt aber, wie existenziell aufgeladen abgelegte Kleidung ist. Denn in ihr sind ihre TrägerInnen ab- und gleichzeitig anwesend; ein bisschen wie Geister, die potenziell wiederkehren. Kleider sind mächtige Erinnerungsträger. Wer schon einmal die Wohnung verstorbener Familienmitglieder räumen musste, weiß das. Denn Kleidung hat immer etwas Intimes, vor allem solche, die direkt am Körper anliegt. Sie trägt – je nachdem, wie

moreover, the arrangement awakened memories of burial grounds. "They were young, they were old, they were not ready to die, poor departed souls who leave nothing behind but shucked garments. Mown down, laid out in groups, they have all met a terrible end," Laura Cumming connoted in *The Guardian*.[1] In fact, the clothes came from the junk dealer.

However, the interpretation of this work—consciously intended by Boltanski—certainly shows how existentially charged clothing is. For its wearer is at the same time absent and present in it; a bit like a ghost that potentially returns. Clothes are powerful bearers of memory. Anyone who has ever had to vacate the home of deceased family members knows that. Because clothing always has something intimate, especially that which is directly put on the body. Depending on how long it was in use, it frequently carries traces: here is a small stain, there a worn-out elbow, there a baggy spot. At the same time its form often distinguishes its presence, depicting fashions, whole social currents. "Throughout human history, clothing has (...) not only served the physical function of protection, but also essentially identitarian and social aspects, such as the presentation of gender, role and rank relationships of its wearers. If the body was absent, the clothes recalled him or her in a representative way," writes Cora von Pape.[2]

In the history of art, the use of—even cast-off—clothes meanwhile has a long tradition: Kaucyila Brooke photographed clothes from the estate of feminist writer Kathy Acker; Heidi Bucher poured tights, dresses and pants in latex; Mary Kelly showed her baby's vests as part of her long-term project *Post Partum Document*; the US performer Senga Nengudi integrated tights in choreographies and created sculptural objects out of them. Sarah Lucas also used tights frequently. All these examples, however, have one thing in common: They allow the garments to exist in their form. They are easily recognizable as such.

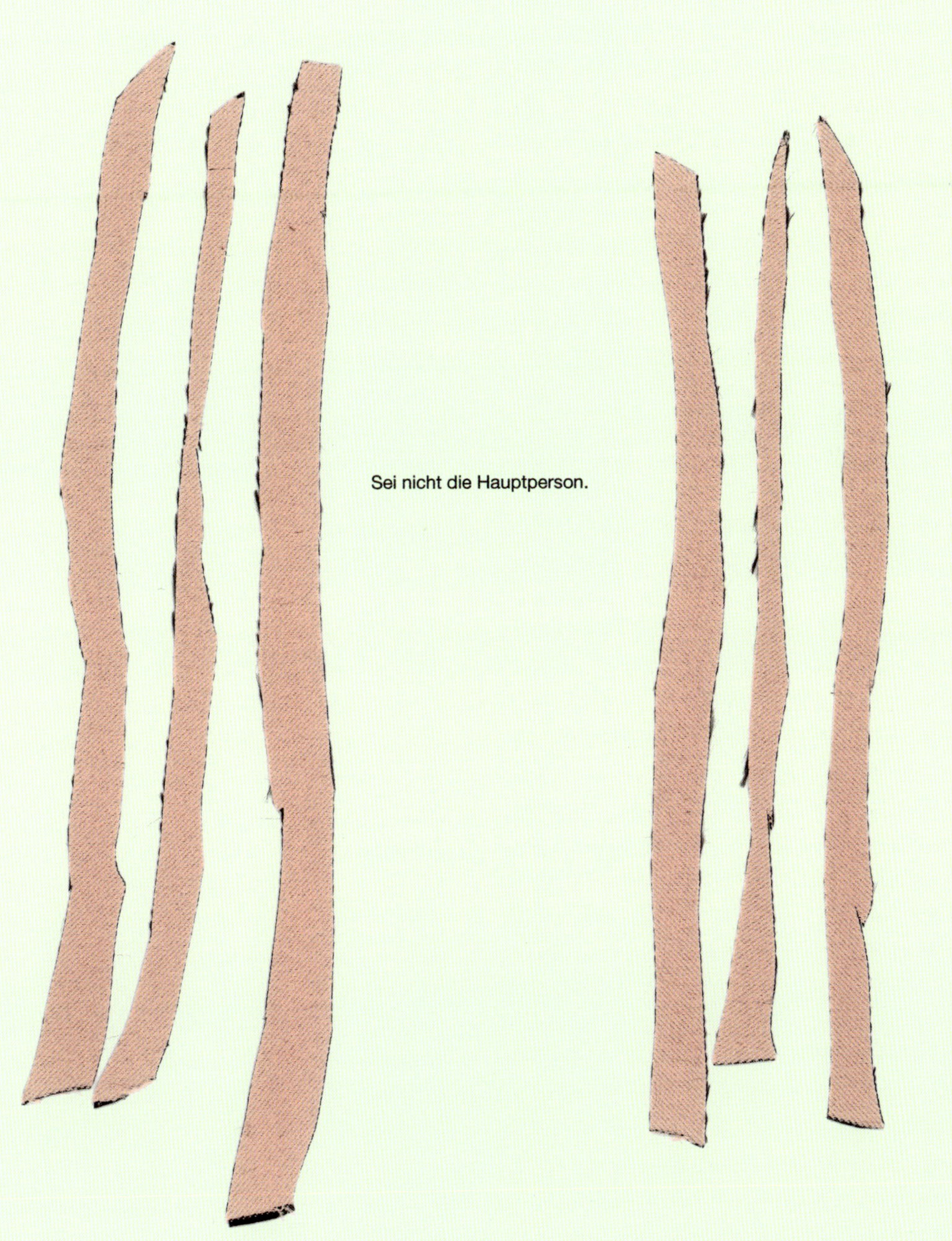

Sei nicht die Hauptperson.

lange sie in Verwendung war – häufig auch Spuren: Hier ein kleiner Fleck, da ein abgewetzter Ellbogen, dort eine ausgebeulte Stelle. Gleichzeitig zeichnet sich in ihrer Form oft deren Gegenwart aus, bildet Moden ab, ganze gesellschaftliche Strömungen. „In der gesamten Menschheitsgeschichte hat die Kleidung (...) nicht allein der körperlichen Funktion des Schutzes gedient, sondern im Wesentlichen auch identitären und gesellschaftlichen Aspekten, wie der Präsentation von Geschlechter-, Rollen- und Rangverhältnissen ihrer Träger. War der Körper abwesend, erinnerte die Kleidung stellvertretend an ihn", schreibt Cora von Pape.[2]

In der Kunstgeschichte hat der Einsatz von – auch abgelegter – Kleidung mittlerweile eine lange Tradition: Kaucyila Brooke fotografierte den Fundus der feministischen Schriftstellerin Kathy Acker, Heidi Bucher goss Strumpfhosen, Kleider und Hosen in Latex, Mary Kelly zeigte Leibchen ihres Babys als Teil ihres Langzeitprojekts *Post Partum Document*, die US-Performerin Senga Nengudi integrierte Strumpfhosen in Choreografien und schuf daraus skulpturale Objekte. Auch Sarah Lucas setzte Strumpfhosen häufig ein. Alle diese Beispiele haben jedoch eines gemeinsam: Sie lassen die Kleidungsstücke in ihrer Form bestehen. Sie sind als solche gut erkennbar.

Anders in der Arbeit *wornout* von Judith Huemer. Für die fortlaufende Serie rollt sie Strumpfhosen, die sie selbst trug, zu einem Knäuel, das mit den Jahren immer größer wird.[3] Die wachsende Kugel wird in ihren jeweiligen Stadien auf einer weißen Fläche liegend fotografiert, das Bild dann um 90 Grad gedreht. So erscheint die Skulptur hängend, wie ein Wandobjekt. Natürlich ahnt man bei näherem Hinschauen, dass es sich bei den bunten Stoffstreifen um Strumpfhosen handelt. Dort und da entdeckt man zarte Abdrücke der Füße, doch haben sie völlig ihre ursprüngliche Erscheinung verändert. Sie bilden dennoch ein – freilich gänzlich abstrahiertes – Porträt ihrer Trägerin. Zudem bildet sich ab, welche farblichen Vorlieben diese zu welcher Zeit hatte: Mal dominieren Grün und Braun, dann wieder Rot- und Rosatöne. So steckt in ihrem Korpus auch ein Stück

This is different in Judith Huemer's work *wornout*. For the ongoing series, she rolls tights she wore herself into a ball that keeps getting bigger with time.[3] The growing ball is photographed in its respective stadia lying on a white surface, the image then rotated 90 degrees. The sculpture thus appears to be hanging, like a wall object. Of course, one suspects upon closer inspection that the colorful strips of fabric are tights. Here and there one discovers delicate prints of the feet, yet they have completely changed their original appearance. Nonetheless, they form a portrait of their wearer, which is, of course, completely abstracted. In addition, it shows off which color preferences she had at what time: sometime green and brown dominated, then red and pink tones again. A piece of discarded identity of its creator therefore sticks in its corpus. And as her lifespan decreases, the ball gains in size. The series, which the artist also refers to as an archive, is reminiscent of other lifetime documentaries: Roman Opalka's Numerals, Friedl Kubelka's *Year's Portraits*. Unlike these two, however, Huemer's series is loose and less meticulous. Every sculptural formation exists in its outer appearance only for a time, but then disappears at the next wrapping behind the new layer. Nonetheless, it is present in the inside of the sphere. Judith Huemer has thereby developed a very own sculptural concept that could be compared to the constant application of ever new layers of color in painting.

It is fitting that the ball appears more irregular from time to time: here and there are bulges, small bumps. If one compares the last picture with the first, this becomes particularly clear. This effect—whether actually intended or not—is almost metaphorical for the course of life: Like a newborn, still undamaged and without individuality, the object grows, receives character, develops corners and edges in a figurative sense. Like annual rings on a tree, one layer moves around the next, preserving the underlying one—just as experience sets and shapes a personality.

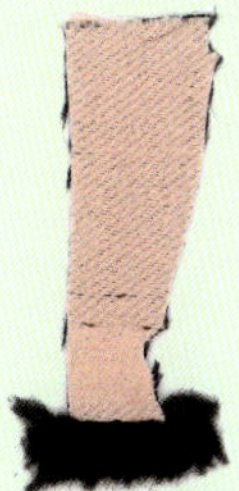

Suche die Gegenüberstellung.

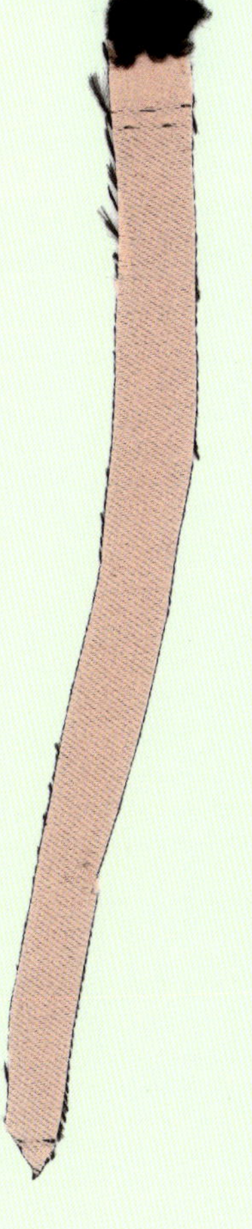

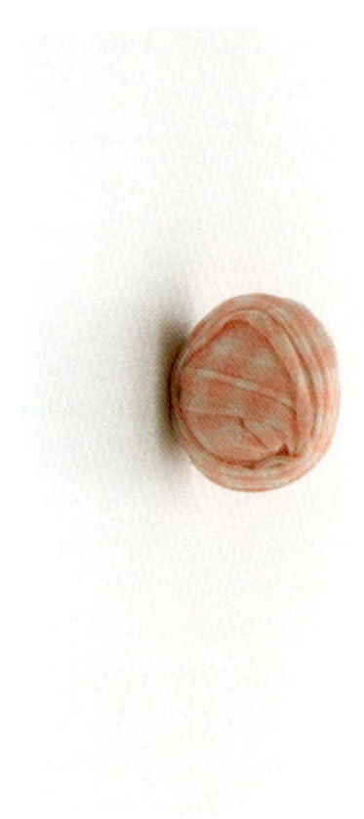

wornout 1997
p.165

Pigment print, 120 x 115 cm
Vienna, 2016

abgelegter Identität ihrer Schöpferin. Und während deren Lebenszeit abnimmt, legt die Kugel zu. Die Serie, von der Künstlerin auch als Archiv bezeichnet, erinnert an andere Lebenszeit-Dokumentationen: Roman Opalkas Zahlengemälde, Friedl Kubelkas *Jahresportraits*. Im Gegensatz zu diesen beiden ist Huemers Serie allerdings lose und weniger akribisch angelegt. Jede skulpturale Formation existiert in ihrer äußeren Erscheinung nur auf Zeit, verschwindet sie doch schon beim nächsten Umwickeln hinter der neuen Schicht. Dennoch ist sie vorhanden, im Inneren der Kugel. Damit hat Judith Huemer ein ganz eigenes skulpturales Konzept entwickelt, das sich mit dem steten Auftragen von immer neuen Farbschichten in der Malerei vergleichen ließe.

Dazu passt, dass die Kugel von Mal zu Mal unregelmäßiger erscheint: Dort und da entstehen Ausbuchtungen, kleine Beulen. Vergleicht man das letzte Bild mit dem ersten, so wird dies besonders deutlich. Dieser Effekt – ob nun tatsächlich intendiert oder nicht – steht geradezu metaphorisch für den Verlauf des Lebens: Wie ein Neugeborenes, noch unbeschadet und ohne Individualität, wächst das Objekt, erhält Charakter, entwickelt im übertragenen Sinn Ecken und Kanten. Wie Jahresringe an einem Baum legt sich eine Schicht um die nächste, bewahrt die darunterliegende – so wie sich Erlebtes festsetzt und eine Persönlichkeit prägt.

Since her earliest exhibitions, the textile element has been essential in her artistic practice. Judith Huemer thus stands in a tradition of feminist artists who also worked with it repeatedly. In *wornout* she extracts minimalistic-sculptural qualities from the tights—garments that are usually worn by women—and thus crosses textile art, which has been female-connoted up to this day, with an art-historical heroic narration that had excluded women for a long time. It is similar in her photo series *UND*: For this work she arranged rolls of fabric in different colors and materials side by side, photographed them, and printed them as large format photos (C-prints). In doing so, she makes the—altogether cheap, and partly somewhat trashy—materials seem monumental: Like pillars they stretch out in front of the beholder, facing one another like massive, impenetrable walls. Irritation nevertheless arises, as some of the colorful stripes appear two-dimensional, others three-dimensional. As a result, one's gaze jumps back and forth between surface and space, between abstraction and representation. The dimensions of the depicted thereby remain enigmatic. To be sure, everyone has already seen a roll of fabric. But if one does not know this background, then the scale does not open up. The highly abstract compositions could point to a digital genesis. Yet there are small, but visible traces of an analog working process: little wrinkles, fringes or small dents in the fabric, irregularities in the cast shadow. They rule out that these are computer-created images.

They are ambivalent photo tableaux which have a great seductive power due to their texture and color: The extremely varied, intense color scheme makes the compositions literally dance. Despite the broad scale, there is a certain dominance of red and pink tones, colors that are associated with femininity, on the one hand, and remind one of skin, on the other hand. They alternate with blue and green tones, and metallic colors—silver, gold—also occur.

page 153
leichtfüßig (light-footed) 2016
collage, 29.7 x 21 cm

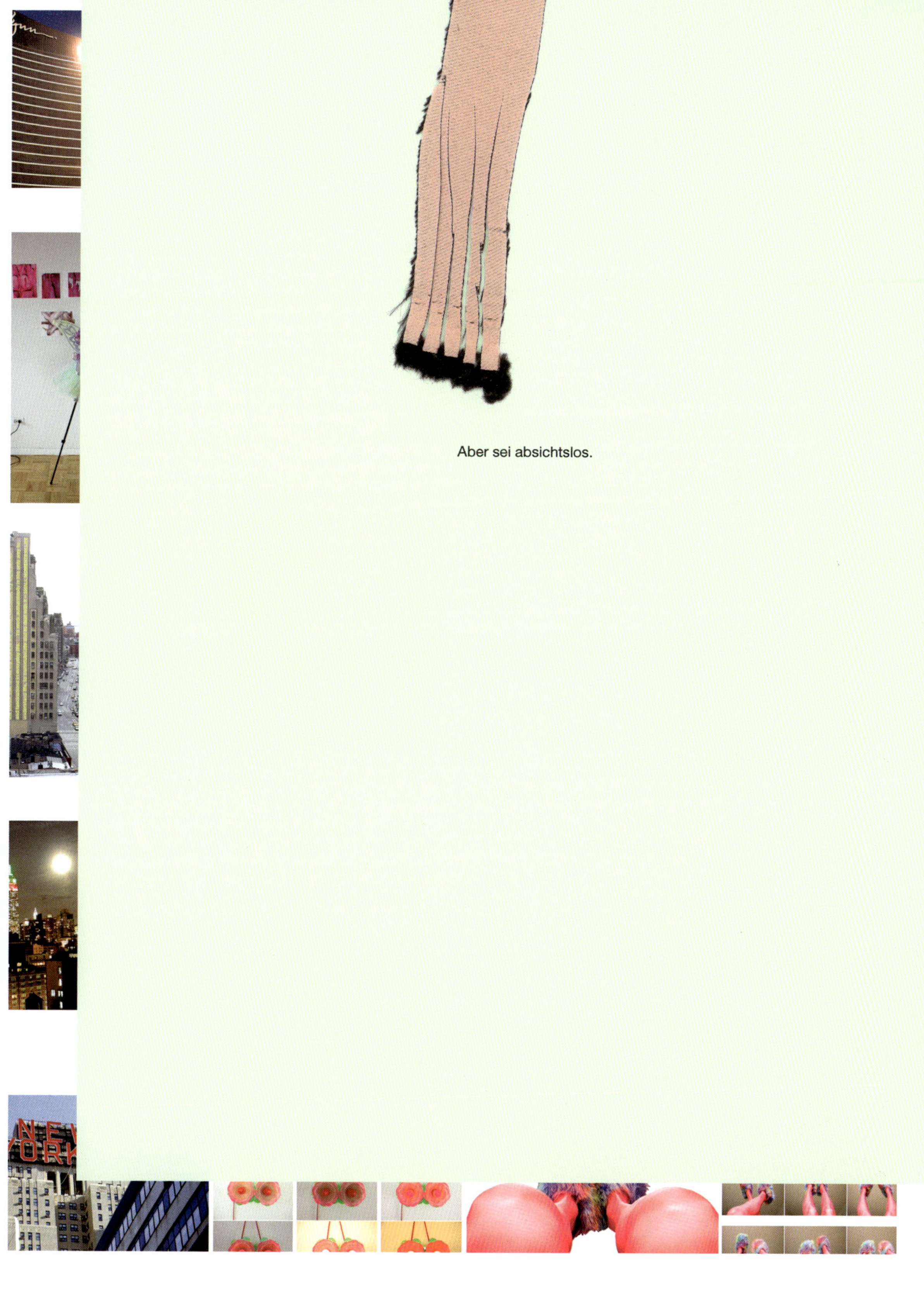

Aber sei absichtslos.

Das Textile ist in ihrer künstlerischen Praxis seit ihren frühesten Ausstellungen wesentlich. Judith Huemer steht so in einer Tradition feministischer Künstlerinnen, die ebenfalls immer wieder damit arbeiteten. In *wornout* gewinnt sie den Strümpfen – Kleidungsstücken, die üblicherweise von Frauen getragen werden – minimalistisch-skulpturale Qualitäten ab und kreuzt so die bis heute weiblich konnotierte Textilkunst mit einer kunsthistorischen Heroenerzählung, die Frauen lange Zeit ausschloss. Ähnlich in ihrer Fotoserie *UND*: Dafür ordnete sie Stoffrollen in unterschiedlichen Farben und Materialitäten nebeneinander an, fotografierte sie und druckte sie als großformatige Fotos (C-Prints). Damit lässt sie die – durchwegs eher billigen, teils auch etwas trashigen – Stoffe monumental erscheinen: Wie Säulen erstrecken sie sich vor dem Betrachter, wie massive, undurchdringliche Mauern stellen sie sich einem entgegen. Dennoch entsteht Irritation, erscheinen doch manche der bunten Streifen zwei-, andere wieder dreidimensional. So springt der Blick zwischen Fläche und Raum, zwischen Abstraktion und Repräsentation hin und her. Die Dimensionen des Abgebildeten bleiben dabei rätselhaft. Zwar hat jeder schon einmal eine Stoffrolle gesehen. Doch kennt man diesen Hintergrund nicht, so erschließt sich der Maßstab nicht. Die hochabstrakten Kompositionen könnten auf eine digitale Entstehung hindeuten. Doch es gibt kleine, aber sichtbare Spuren eines analogen Arbeitsprozesses: Fältchen, Fransen oder kleine Dellen im Stoff, Unregelmäßigkeiten im Schattenwurf. Sie schließen aus, dass es sich hier um Bilder handelt, die am Computer entstanden sind.

Es sind ambivalente Fototableaux, die aufgrund ihrer Textur und Farbe eine große Verführungskraft besitzen: Die äußerst abwechslungsreiche, intensive Farbgebung bringt die Kompositionen regelrecht zum Tanzen. Trotz der breiten Skala fällt eine gewisse Dominanz von Rot- und Rosatönen auf, Farben, die einerseits mit Weiblichkeit assoziiert werden, andererseits an Haut denken lassen. Sie wechseln einander mit Blau- und Grüntönen ab, auch metallische Farben – Silber, Gold – kommen vor.

The powerful coloration contributes to the inevitable presence of Huemer's highly aesthetic images.

In contrast to these geometrically rigorous, tectonic compositions, Huemer's installation *leichtfüßig* (light-footed) literally appears flighty. For this purpose she mounted fabrics that she had cut into irregular stripes, along with a neon sign *im Fallen das Fliegen* (Flying in Falling), in front of the display windows of the Oberösterreichischer Kunstverein (Upper Austrian Art Association) in Linz—curtains hanging not in the interior as usual, but in the outer space, arousing curiosity for what lies behind. They are a piece of public space and, at the same time, a poetic color composition that is constantly changing.

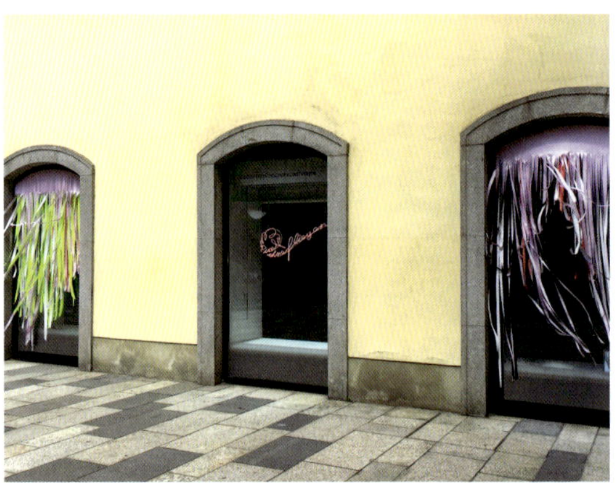

Temporary intervention
pp. 161, 163
Höhenrausch, OÖ Kunstverein Linz/Austria, 2016

The shape of these curtains also forms the opener of Huemer's text-picture work on Peter Handke's poem *Über die Dörfer* (*Walk about the Villages*).[4] More associatively than conceptually, she arranged cut pieces of fabric. The pairings between individual sentences or phrases and formations in pink create associative free spaces. For example, six strips of different lengths surround the sentence "Sei nicht die Hauptperson" (Do not be the main character).

page 155
leichtfüßig (light-footed) 2016
collage, 29.7 x 21 cm

page 157
leichtfüßig (light-footed) 2016
collage, each 29.7 x 21 cm

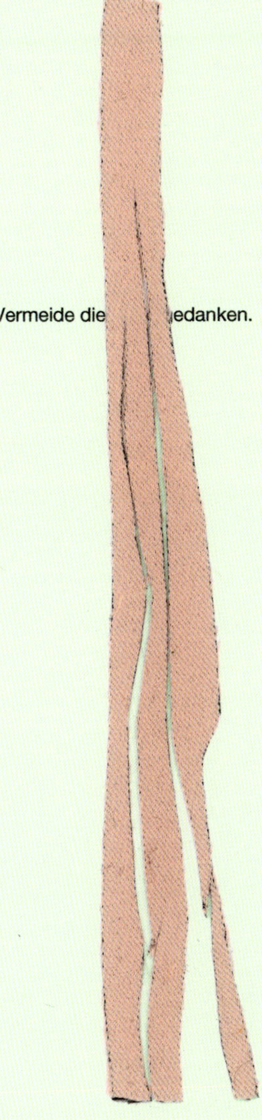

Vermeide die   edanken.

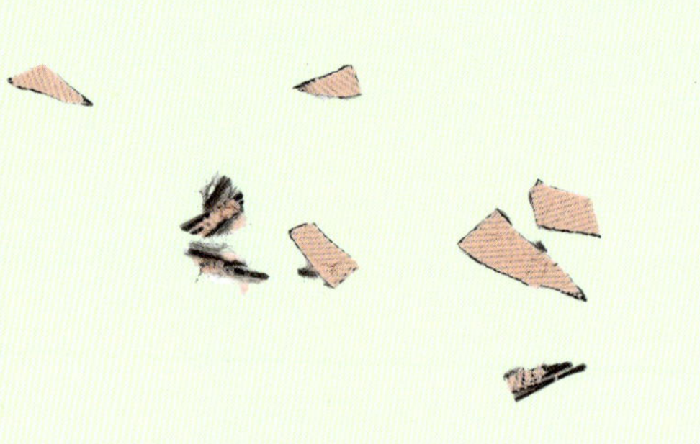

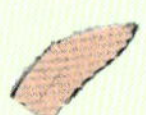

Verschweige nichts.

Sei weich und stark.

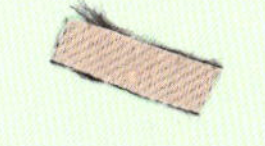

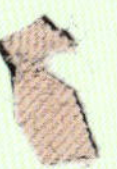

Die kraftvolle Kolorierung trägt zur unausweichlichen Präsenz von Huemers hoch ästhetischen Bildern bei.

Im Gegensatz zu diesen geometrisch strengen, tektonischen Kompositionen erscheint Huemers Installation *leichtfüßig* wortwörtlich flatterhaft. Dafür montierte sie Stoffe, die sie in unregelmäßige Streifen geschnitten hatte, mitsamt einer Leuchtschrift *im Fallen das Fliegen* vor die Schaufenster des Oberösterreichischen Kunstvereins in Linz – Vorhänge, die nicht wie sonst üblich im Inneren, sondern im Außenraum hängen, Neugier auf das Dahinterliegende wecken. Sie sind ein Stück öffentlicher Raum, gleichzeitig eine poetische Farbkomposition, die sich ständig ändert.

Die Form dieser Vorhänge bildet auch den Opener von Huemers Text-Bild-Arbeit zu Peter Handkes Werk *Über die Dörfer*[4]. Dafür arrangierte sie mehr assoziativ als konzeptuell ausgeschnittene Stoffteile. Die Paarungen zwischen einzelnen Sätzen oder Satzteilen und Formierungen in Rosa spannen assoziative Freiräume auf. Da umzingeln etwa sechs unterschiedlich lange Streifen den Satz „Sei nicht die Hauptperson." Hat die Hauptperson, die eigentlich in der Mitte stehen sollte, sich hier etwa schon aus dem Staub gemacht, wie gefordert? Will sich da nicht einer der Streifen in den Vordergrund drängen – und bekommt prompt vom Text eine Rüge? Oder bildet der Satz selbst, mittig angeordnet, die Hauptperson – und stellt sich damit selbst in Widerspruch zu seiner Forderung, wie in den besten Beispielen der konkreten Poesie? So triggert Huemer die Fantasie des Betrachters, der Betrachterin. Ihre materiellen Mittel bleiben dabei ganz sparsam. Reduktion und Opulenz, auch diese Paarung ist eine Qualität ihrer Arbeiten – egal, ob es sich um Stoffreste, getragene Strumpfhosen oder billige Textilien handelt.

---

[1] www.theguardian.com/artanddesign/2010/jan/17/christian-boltanski-personnnes-paris-review.

Has the main character, who is supposed to be standing in the middle, made himself/herself scarce, as demanded? Doesn't one of the stripes want to push itself to the fore, and promptly gets a reprimand from the text? Or does the sentence itself, centrally arranged, form the main character—and thus contradict itself with its demand, as in the best examples of concrete poetry? Huemer thus triggers the imagination of the viewer. Her material resources remain very sparing. Reduction and opulence, this pairing is also a quality of her work—no matter if it is fabric scraps, worn tights or cheap textiles.

---

[1] www.theguardian.com/artanddesign/2010/jan/17/christian-boltanski-personnnes-paris-review.
[2] Cora von Pape, Kunstkleider. Die Präsenz des Körpers in textilen Kunst-Objekten des 20. Jahrhunderts, Bielefeld, 2008, p. 57.
[3] It is not the first time that Huemer prominently depicts pantyhose. They already play a major role in her *Balcony Session,* 2007. In the photographs, Huemer lifted her pink-stockinged legs in the air on a balcony—the Empire State Building became visible between them.
[4] Peter Handke, Walk about the Villages: A Dramatic Poem, Riverside CA, 1996.

Breaking Ranks
Ursula Maria Probst

Judith Huemer's project *Goldstück* (Gold Piece) and its unpretentious intertwining of pleasurably designed installation and video performance, space and body elicits unexpected encounters and a probing curiosity. Conceived as an installation-based presentation, *Goldstück* functions as an autonomous artistic work in a dramaturgically well-thought-out ensemble running from the main axis down to the crypt of the Ursuline Church in Linz. Immediately upon entering the nave, an opulently shining bouquet of flowers catches the viewer's eye

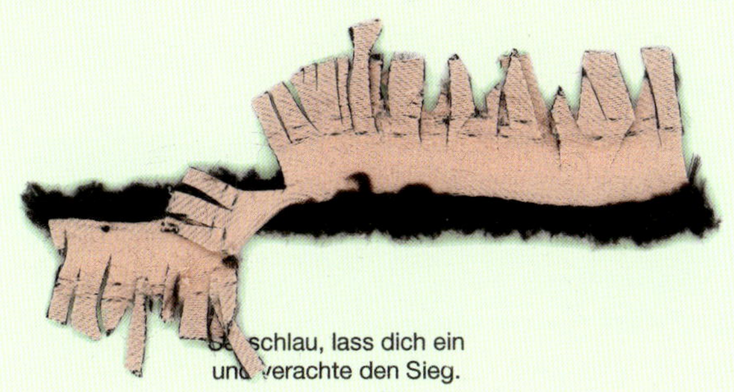

schlau, lass dich ein
und verachte den Sieg.

[2] Cora von Pape: Kunstkleider. Die Präsenz des Körpers in textilen Kunst-Objekten des 20. Jahrhunderts, Bielefeld 2008, S. 57.

[3] Es ist nicht das erste Mal, dass Huemer prominent Strumpfhosen ins Bild setzt. Schon in *Balcony Session*, 2007 spielen sie eine tragende Rolle. In der Fotografie lässt Huemer ihre knallrosa bestrumpften Beine auf einem Balkon in die Höhe ragen, zwischen ihnen ist das Empire State Building sichtbar.

[4] Peter Handke, Über die Dörfer. Dramatisches Gedicht. Frankfurt/M. 1981.

Aus der Rolle tanzen
Ursula Maria Probst

Judith Huemers Projekt *Goldstück* und dessen unprätentiöses Ineinandergreifen von lustvoll gestalteter Installation und Video-Performance, Raum und Körper löst unerwartete Begegnungen und eine detektivische Neugierde aus. Als installative Präsentation konzipiert, funktioniert *Goldstück* als autonome künstlerische Arbeit in einem dramaturgisch durchdachten Ensemble, das von der

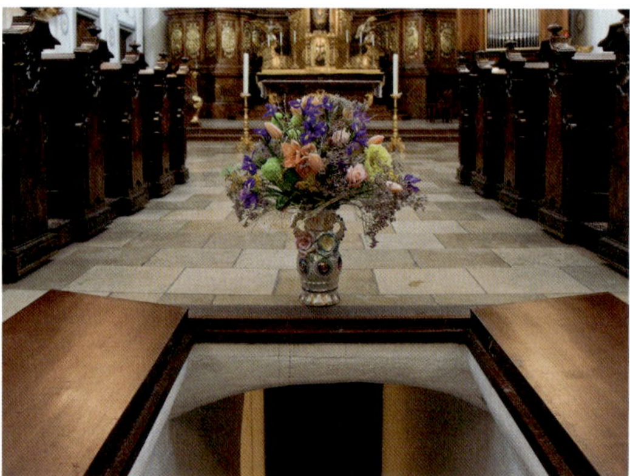

Goldstück (Gold Piece)
p. 189

Crypt of the Ursuline Church Linz/Austria, 2010

Hauptachse hinunter in die Krypta der Ursulinenkirche in Linz verläuft. Gleich beim Betreten des Kirchenschiffes springt im barocken Ambiente der Ursulinenkirche ein opulent leuchtender Blumenstrauß ins Auge. Mitten in der Hauptachse zum Altar platziert, nimmt der Blumenstrauß nicht nur durch seine überproportionale Dimension, sondern

in the baroque ambience of the Ursuline Church. Placed in the middle of the main axis to the altar, the flower bouquet occupies a central position not only by its disproportional dimension, but also by its color intensity, enters into dialogue with the altarpiece, and forms the threshold down to the crypt. Apart from that, there is no other floral decoration in the church, so that this artistic intervention brings about new relations and perceptible resonances in experiencing the spatial situation and hence a shift in the usual conditions.

As we know from Judith Huemer's installations, photographs and videos, she succeeds in creating a pointed attention-getter. The commitment to garish colors runs through her entire ouevre, is an expression of her resistance to any uniformity, and now offers her a claviature for brash color flashes. It is an emphatic art circumventing common taste criteria that does not make Judith Huemer shy away from taking up kitschy elements. This is reflected in the dazzling, rococo-like flower vase subject to artistic modification through the setting. In the dissolution of art through everyday rituals, Judith Huemer knows no reserve. She therefore does not carry out the design of the lush bouquet in the conspicuous vase herself, but confers this task to a florist. In the context of the exhibition itself, she uses the floral bouquet as a readymade. Her art is one that exposes itself to a reality check and tries to break through any vacuum that sets itself between art and life.

Judith Huemer uses her video in the crypt as a spatially installative setting by positioning the projection exactly below the altar between the tombs of the Ursulines and playing it nonstop as a loop. The performance of the artist herself creates a tension in the video, condensing the contrasts between real space, its historical-religious occupation, and the video performance played by the media into a proclamation for the self-assertion of the individual. A rolled-up Austrian flag swung over her

Wandstück I (Wall Piece I)
Temporary intervention, various fabrics, 320 x 170 cm
Höhenrausch, OÖ Kunstverein Linz/Austria, 2016

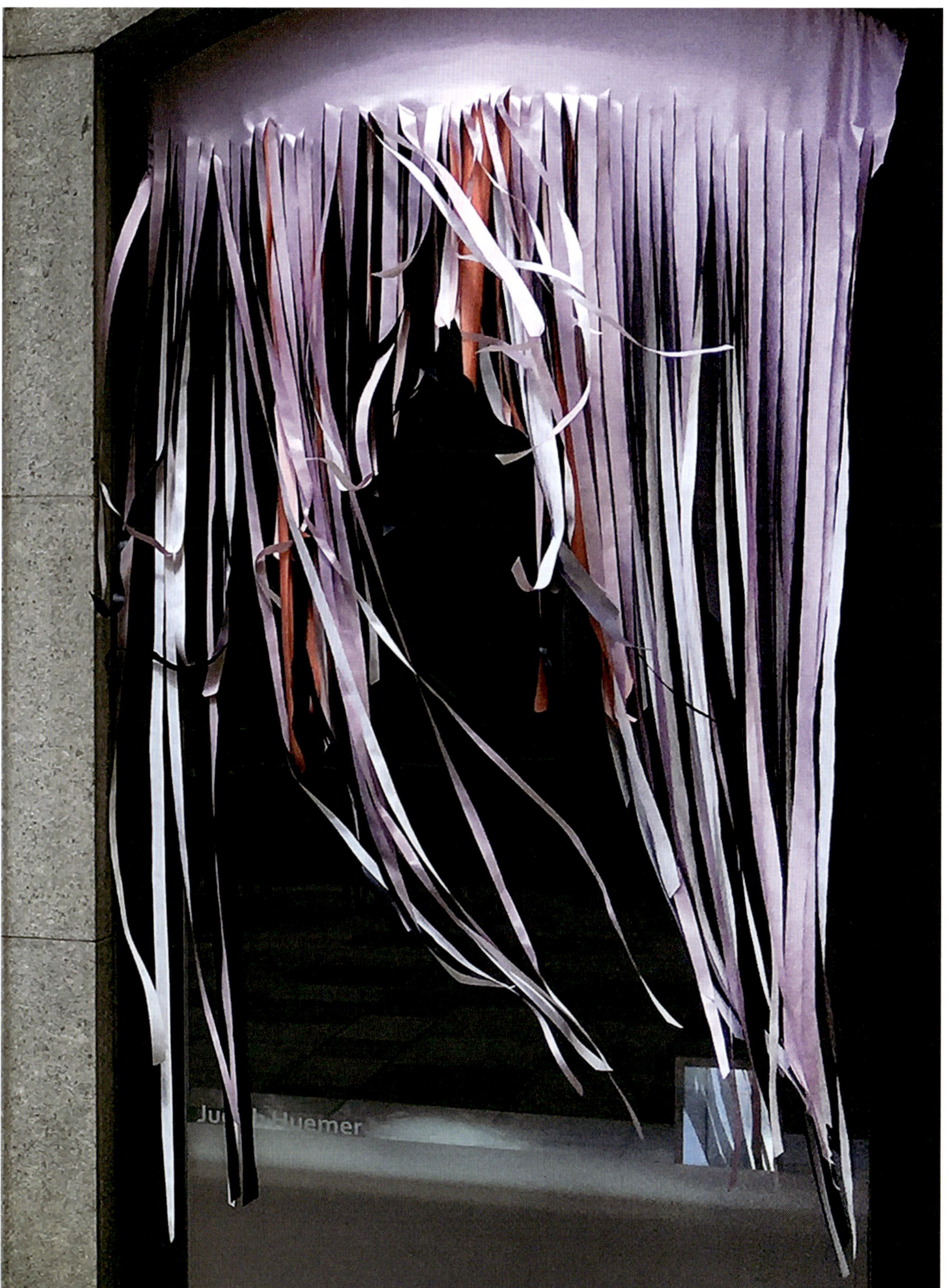

Judith Huemer

auch durch seine Farbintensität eine zentrale Position ein, tritt in Dialog zum Altarbild und bildet die Schwelle hinab zur Krypta. Ansonsten befindet sich in der Kirche kein Blumenschmuck, sodass dieser künstlerische Eingriff neue Relationen und spürbare Resonanzen in der Erfahrung der räumlichen Situation und damit eine Verschiebung der gewohnten Verhältnisse bewirkt.

162

Wie wir es aus den Installationen, Fotografien und Videos von Judith Huemer kennen, gelingt ihr damit ein pointierter Blickfang. Das Bekenntnis zu schrillen, bunten Farben zieht sich durch ihr Werk, ist Ausdruck ihres Widerstandes gegen jegliche Uniformität und bietet ihr mittlerweile eine Klaviatur für knallige Farb-Flashes. Es ist eine emphatische, gängige Geschmackskriterien überlistende Kunst, die Judith Huemer nicht davor zurückschrecken lässt, kitschige Elemente aufzugreifen. Das zeigt sich in der schillernden, rokokoartigen Blumenvase, die durch das inszenatorische Setting einer künstlerischen Modifikation unterworfen wird. In der Entgrenzung von Kunst durch alltägliche Rituale kennt Judith Huemer keine Berührungsängste. So nimmt sie die Gestaltung des üppigen Blumenstraußes in der auffälligen Vase nicht selbst vor, sondern überträgt diese Aufgabe an eine Floristin. Im Ausstellungskontext selbst verwendet sie den Blumenstrauß als Readymade. Ihre Kunst ist eine Kunst, die sich dem Wirklichkeitstest aussetzt und jedes Vakuum, das sich zwischen Kunst und Leben stellt, zu durchbrechen versteht.

Ihr Video in der Krypta setzt Judith Huemer als räumlich installatives Setting ein, indem sie die Projektion exakt unter dem Altar zwischen den Grabstätten der Ursulinen positioniert und als Loop nonstop abspielt. Die Performance der Künstlerin selbst bewirkt im Video ein Spannungsverhältnis, bei dem sich die Gegensätze zwischen realem Raum, dessen historisch-religiöser Besetzung und der medial abgespielten Videoperformance zu einer Proklamation für die Selbstbehauptung des Individuums verdichten. Eine zusammengerollte österreichische Flagge über die Schultern geschwungen, klettert Huemer mit dem Rücken zu uns die Sprossen einer

shoulders, Huemer climbs up the rungs of a metal ladder with her back to us to unfurl the flag down her back. Expressed in the symbolism of flags, the will for national representation undergoes a dismantling through the artist. As emblems, flags constitute symbols of territorial occupations and at the same time symbolize the dissolution of the individual in the collective. Huemer turns against this in her performance. Although her appellative intonation of the word "Goldstück" does not even last 90 seconds, it suffices to play through all the associations and dissociations combined with this term. The insistent repetition of "Goldstück" does not develop into a hymn, but turns into the contrary, revealing the ideological distortion of individual needs in a national community. In his standard work *Imagined Communities* from 1983, Benedict Anderson points out that the making of community as a nation draws upon flags and hymns as artifacts of imagination, of political fiction.

In the Ursulines' former mortuary, Judith Huemer's *individual flags* lay further tracks for her exploration of the conflict between social convention versus individual form of expression. Her *individual flags* afford visitors the opportunity to enter the setting and to participate in the staging or to expand their radius of action. Golden threads are stretched across the room. Photographs showing different constellations of color combinations with fabric rolls hang as if on a clothesline. Visitors are encouraged to choose their individual flag, which extends the project's territorial venue by circulating information and objects. The viewers become co-players who take action against collective standardization and the uniformity and homogenization of individual needs. The flag's emblem thus becomes a conceptual tool to exemplarily demonstrate the absurdity of national autisms. In this way, Huemer subjects identity concepts, which are bound to political fictions, to a reversal and ascribes the

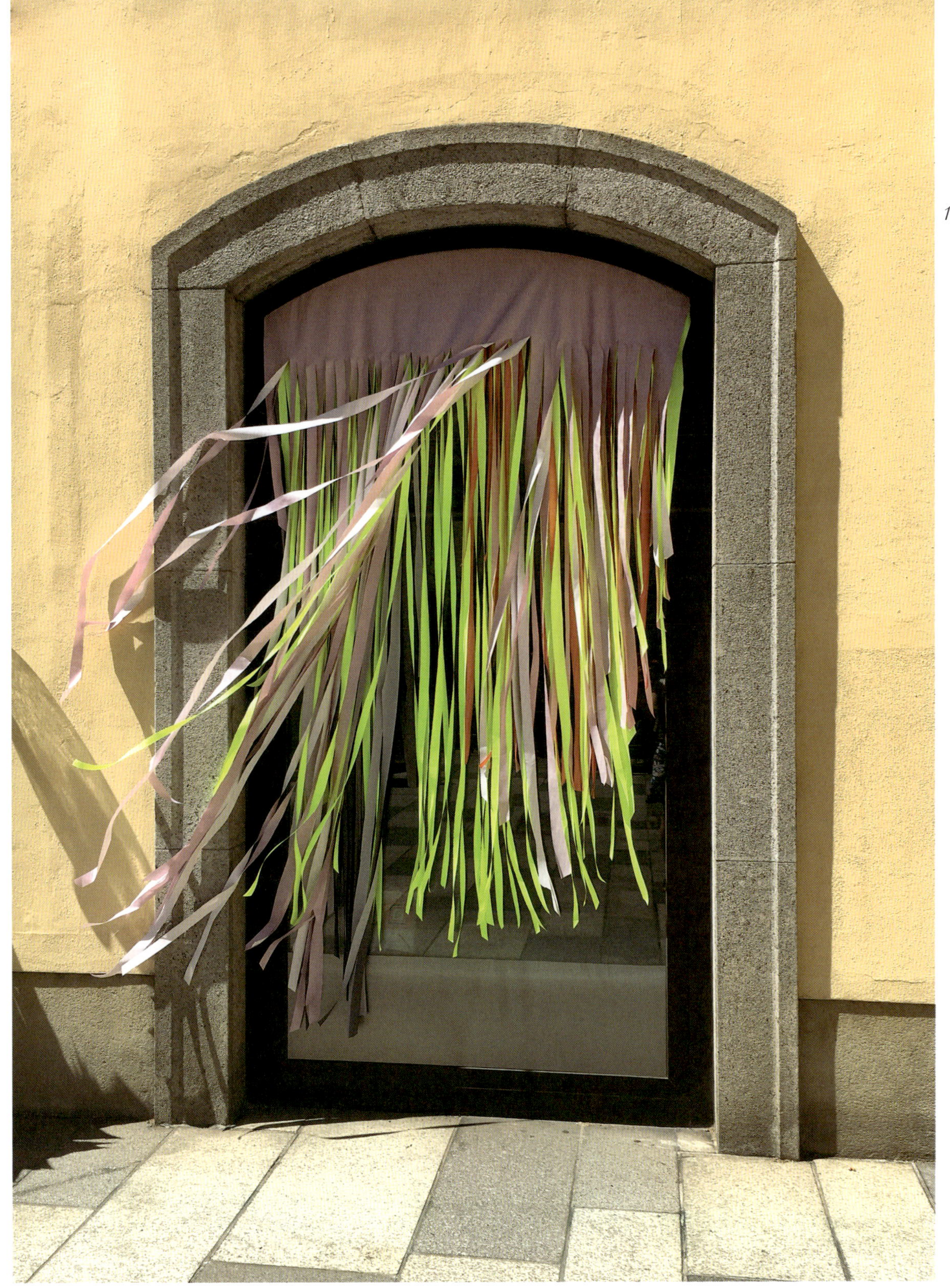

Metallleiter empor, um die Flagge über ihren Rücken hinab auszurollen. Der Wille zur nationalen Repräsentation, der sich in der Symbolik von Flaggen ausdrückt, wird von der Künstlerin einer Demontage unterzogen. Als Embleme bilden Flaggen Sinnbilder für territoriale Besetzungen und symbolisieren gleichzeitig die Auflösung des Individuums im Kollektiven. Dagegen wendet sich Huemer in ihrer Performance. Ihre appellative Intonierung des Wortes „Goldstück" dauert insgesamt zwar keine 90 Sekunden, das reicht allerdings aus, um alle Assoziationen und Dissoziationen durchzuspielen, die man mit diesem Begriff verbindet. Die insistierende Wiederholung von „Goldstück" gestaltet sich nicht zur Hymne, sondern kehrt sich ins Gegenteil, wodurch die ideologische Verzerrung individueller Bedürfnisse in einer nationalen Gemeinschaft entlarvt wird. In seinem Standardwerk *Imagined Communities* von 1983 weist Benedict Anderson darauf hin, dass die Herstellung von Gemeinschaft als Nation sich der Fahnen und Hymnen als Artefakte der Imagination, der politischen Fiktion bedient.

Im ehemaligen Aufbahrungsraum der Ursulinen legt Judith Huemer mit ihren *individual flags* weitere Spuren für ihre Auseinandersetzung mit dem Spannungsfeld gesellschaftliche Konvention versus individuelle Ausdrucksform. Ihre *individual flags* bieten den BesucherInnen die Gelegenheit, in das Setting einzusteigen und selbst an der Inszenierung mitzuwirken bzw. deren Aktionsradius zu erweitern. Quer durch den Raum sind goldene Fäden gespannt. Wie auf einer Wäscheleine hängen darauf Fotografien, die mit Stoffrollen verschiedene Konstellationen von Farbzusammenstellungen zeigen. Wer den Raum betritt, ist aufgefordert, sich daraus eine eigene individuelle Flagge auszuwählen, was den territorialen Austragungsort des Projektes erweitert durch In-Umlauf-Bringen von Informationen und Objekten. Die BesucherInnen werden zu MitspielerInnen, die gegen kollektive Normierung und die Vereinheitlichung und Homogenisierung individueller Bedürfnisse in Aktion treten. Das Emblem der Flagge wird so zu einem konzeptuellen Werkzeug, um exemplarisch die Absurdität nationaler Autismen

question of identity back to the individual. In this project, the artistic disempowerment of dominant norms and social codes propels Judith Huemer to the quintessence.

AGAINST POLITICAL DISCONTENT
Judith Huemer in Conversation with Ursula Maria Probst

Ursula Maria Probst: Today we are talking about your teaching activity at the Academy of Fine Arts Vienna and your own art practice. From our cooperation, in the exhibition context as well as at the Academy, I know: You are an artist through and through, both in your artistic expression and in the discussions with the students. With permanently rebellious potential. It manifests itself everywhere—in your perfectionist, yet at the same time very original approach to the world and to art, in your rebellion against bureaucracisms and in the further thinking of alternative concepts. The political aspect, the conversation, the direct analysis flow very strongly into your artistic practice. You are always an astute analyst and critic of our capitalist system, alienated in the Marxist sense, which is increasingly ignoring human needs and logics. In this respect, you are permanently powered up.

Judith Huemer: As an example of this estrangement of which you speak, I have in mind a scene that has occupied me so much that I even made sketches of it: *Schnee in Wien* (Snow in Vienna), February 7, 2018, Novaragasse, a gritting and salting service on the sidewalk, partially responsible for individual houses. How this gritting service did its work was, for me, the portrayal of the absurdity of contemporary capitalism. Instead of gritting the sidewalk all the way through the alley, gritting was done along one house facade, but not the other, along the next one again, and so on. Much more laborious for the worker, because he had to constantly go up and down the sidewalk with the gritter and between parked cars. The work not only seems

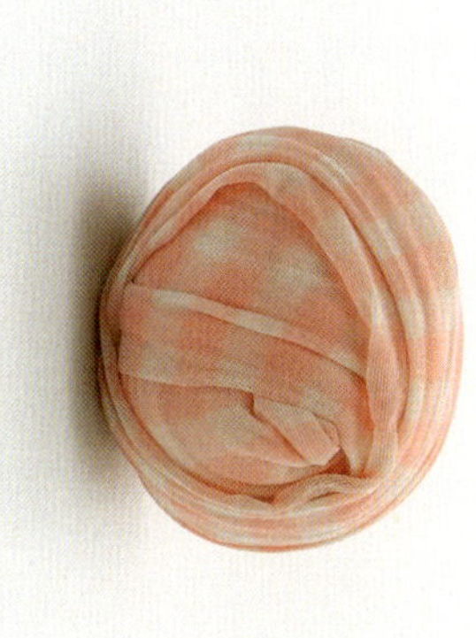

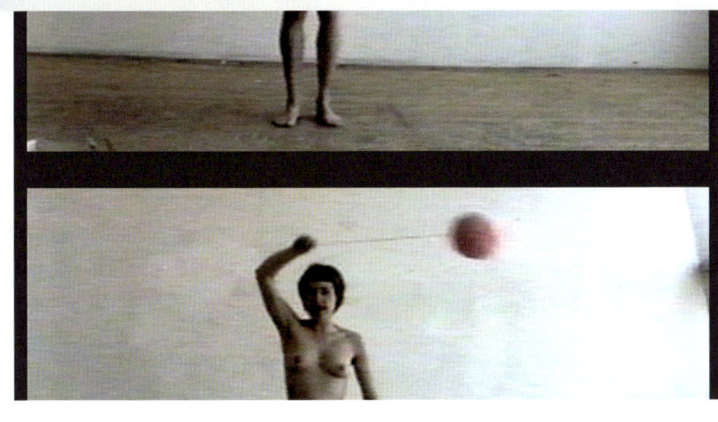

vorzuführen. Identitätsvorstellungen, die an politische Fiktionen gebunden sind, unterzieht Huemer damit einer Umkehrung und schreibt die Frage nach Identität wieder dem einzelnen Individuum zu. Die künstlerische Entmachtung dominierender Normen und gesellschaftlicher Codes treibt Judith Huemer in diesem Projekt zur Quintessenz.

Gegen das politische Unbehagen
Judith Huemer im Gespräch mit Ursula Maria Probst

Ursula Maria Probst: Wir sprechen heute über deine Lehrtätigkeit an der Akademie der bildenden Künste Wien und deine eigene Kunstpraxis. Aus unserer Zusammenarbeit, im Ausstellungskontext wie auch an der Akademie, weiß ich: Du bist eine Vollblutkünstlerin, sowohl in deinem künstlerischen Ausdruck als auch in den Diskussionen mit den Studierenden. Mit permanent rebellischem Potenzial. Das äußert sich überall – in deinem perfektionistischen und gleichzeitig sehr originellen Zugang zur Welt und zur Kunst, in deiner Auflehnung gegenüber Bürokratismen und im Weiterdenken von alternativen Konzepten. Das Politische, das Gespräch, die direkte Analyse fließen sehr stark in deine künstlerische Praxis ein. Du bist dabei immer eine scharfsinnige Analytikerin und Kritikerin unseres im marxistischen Sinne entfremdenden kapitalistischen Systems, das menschliche Bedürfnisse und Logiken derzeit zunehmend ignoriert. Insofern stehst du permanent unter Strom.

Judith Huemer: Exemplarisch für diese Entfremdung, von der du sprichst, habe ich eine Szene vor Augen, die mich derart beschäftigt hat, dass ich sogar Skizzen davon gemacht habe: *Schnee in Wien*, 7. Februar 2018, Novaragasse, ein Streudienst am Gehsteig, partiell für einzelne Häuser zuständig. Wie dieser Streudienst seine Arbeit verrichtet hat, war für mich die Verbildlichung der Absurdität des gegenwärtigen Kapitalismus. Statt durchgehend den Gehsteig in der gesamten Gasse zu streuen, wurde entlang einer Hausfassade gestreut, bei der anderen nicht, bei der übernächsten dann wieder, und so fort. Für den Arbeiter viel mühsamer, weil er mit dem Wagen ständig rauf und runter musste vom

alienated, but also completely absurd due to the grotesquely complicated conditions. A significant picture of the excesses of our privatization policy. A service is commissioned for one house; another for the next one—the best bidder gets the contract! Each house decides individually who the order goes to. So the process of a relatively simple service turns out to be a highly complex matter. The public sidewalk becomes a hop-on, hop-off. An everyday observation like this one nestles in, opens the view to certain social and political issues. My art feeds on my real observations, experiences and occurrences, and the ideas and concepts evolve from them.

UMP: On the basis of such everyday observations, how absurd scenes are opened up by greed for profit and privatizations of actually public interests, your art practice goes hand in hand with intensive research.

JH: I see my way of working as a conceptual process. The starting point is always an idea that feeds on my perception and my experiences. Then the choice of materials and techniques follows the idea. It is no fictive constructing. To take up the words of Louise Bourgeois from a 1988 interview with Donald Kuspit: "Art is about life and that sums it up." In this sentence, I find my artistic practice in a nutshell. It is the necessary starting point for the artistic expression, I am convinced of that. I always try to convey this simple sounding description of art to my students, because it seems to me to be essential.

UMP: You are driven by a strong socio-political commitment, by an appeal to the sense of community which, at the same time, has the will of individual students in mind.

JH: As a guiding principle for my work at the Academy, for the group dynamics with the students

page 167
wornout 2000
Pigment print, 120 x 115 cm

page 168
wornout 2002
Pigment print, 120 x 115 cm

page 169
wornout 2003
Pigment print, 120 x 115 cm

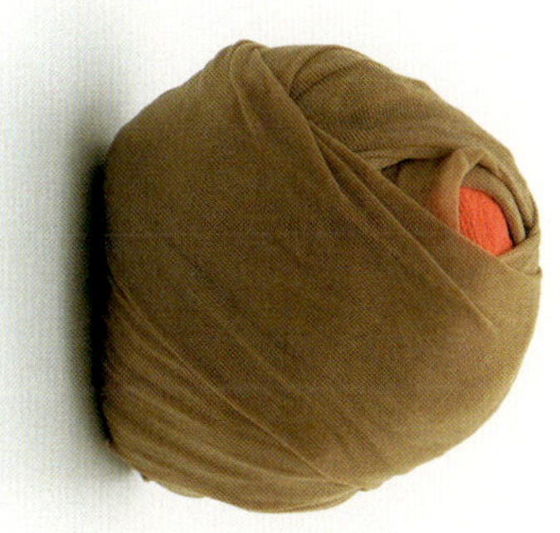

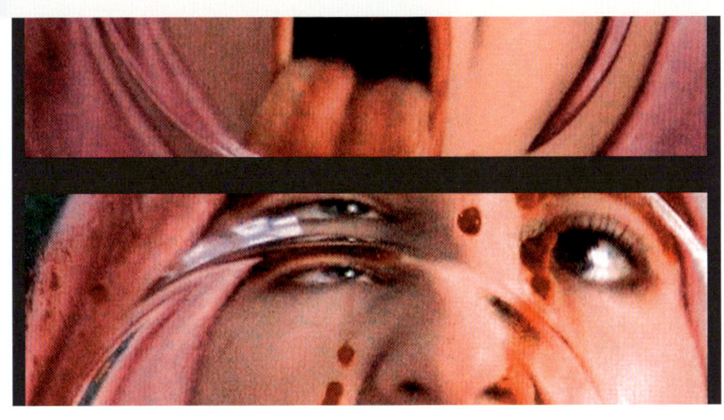

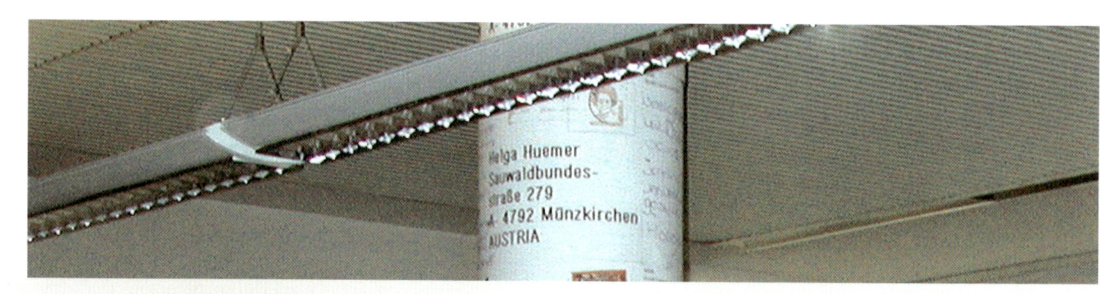
Helga Huemer
Sauwaldbundes-
straße 279
A 4792 Mönzkirchen
AUSTRIA

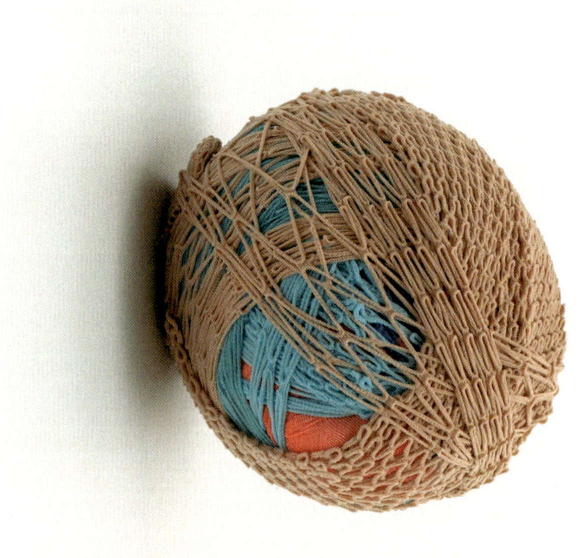

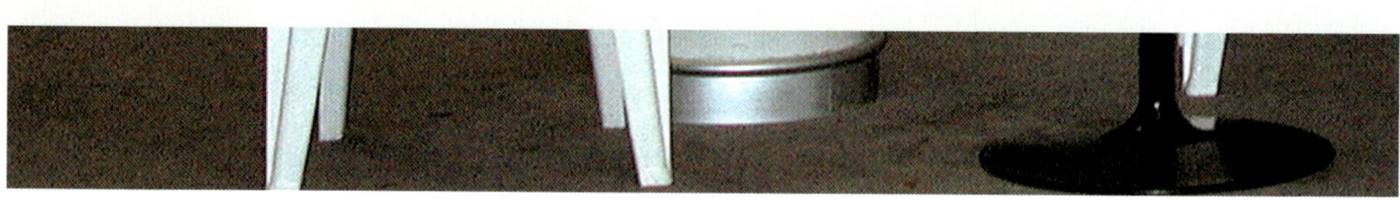

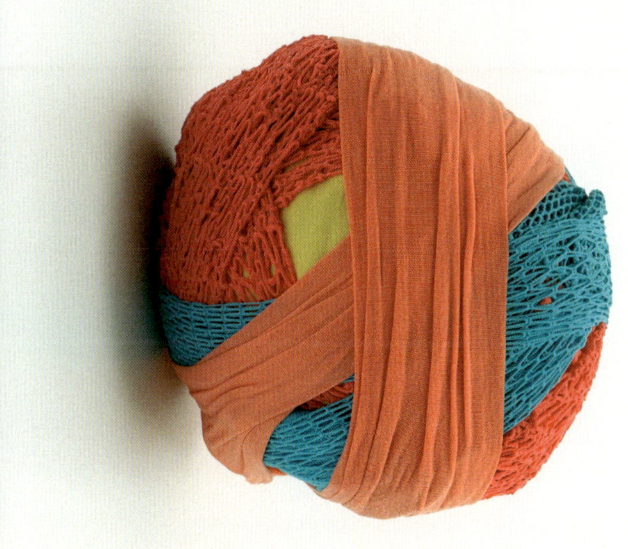

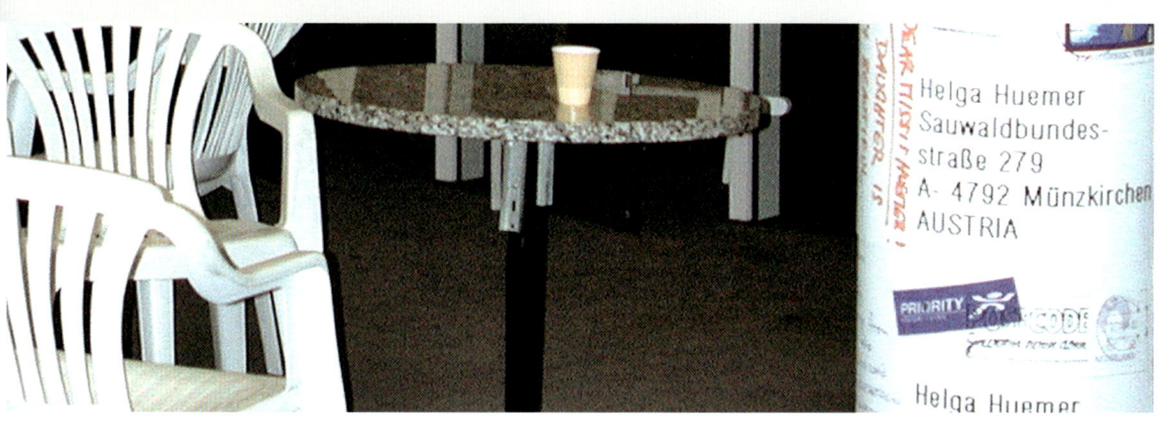
Helga Huemer
Sauwaldbundes-
straße 279
A- 4792 Münzkirchen
AUSTRIA
PRIORITY
Helga Huemer

Gehsteig, zwischen parkenden Autos hindurch. Die Arbeit wirkt nicht nur entfremdet, sondern durch die grotesk erschwerten Bedingungen auch noch völlig absurd. Ein signifikantes Bild für die Auswüchse unserer Privatisierungspolitik. Für ein Haus wird ein Dienst beauftragt, für das nächste ein anderer – der Bestbieter bekommt den Zuschlag! Jedes Haus entscheidet individuell, an wen der Auftrag geht. So gestaltet sich der Ablauf einer relativ einfachen Dienstleistung als hoch komplexe Angelegenheit. Der öffentliche Gehsteig wird zu einem Hop-on-Hop-off. – Eine Alltagsbeobachtung wie diese nistet sich ein, eröffnet den Blick auf bestimmte gesellschaftliche und politische Fragestellungen. Meine Kunst speist sich aus meinen realen Beobachtungen, Erfahrungen und Erlebnissen, und daraus entwickeln sich die Ideen und Konzepte.

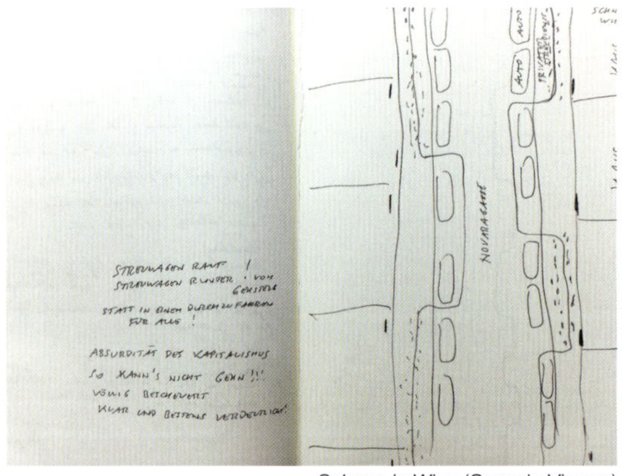

Schnee in Wien (Snow in Vienna)

Sketchbook
Vienna, 2018

UMP: Ausgehend von solchen Alltagsbeobachtungen, wie durch Profitgier und Privatisierungen von eigentlich öffentlichen Interessen sich absurde Szenen auftun, geht deine Kunstpraxis einher mit intensiven Recherchen.

JH: Ich sehe meine Arbeitsweise als konzeptuellen Prozess. Ausgangspunkt ist immer eine Idee, die sich auf meine Wahrnehmung oder Erfahrungen bezieht. Material- und Technikwahl folgen der Idee. Es ist kein fiktives Konstruieren. Um die Worte von Louise Bourgeois aufzugreifen, aus einem Gespräch mit Donald Kuspit von 1988: „Kunst handelt vom

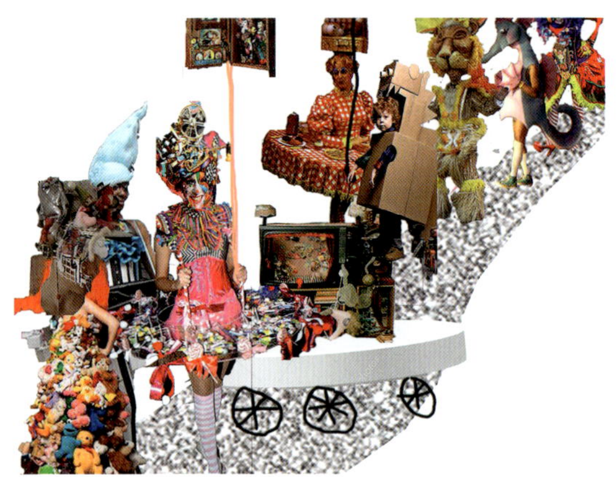

Tête-à-Tête

PROZESS/ON by Evi Jägle, Cosima Roth and Daphne von Schrader
Transit spot Praterstern/Vienna, 2018

and the interests and talents of each and every one, I like to take a quote from Gilles Deleuze and Claire Parnet in *Dialogues*: "But what is good in a gang, in principle, is that each goes about his own business while encountering others, each brings in his loot and a becoming is sketched out—a bloc starts moving—which no longer belongs to anyone, but is 'between' everyone, like a little boat which children let slip …"

UMP: That initially sounds like a playful approach. Where does the subversive act hide itself for you?

JH: To enable students to discover their independent and idiosyncratic ways of expression, I see an opportunity therein that brings us out of the current dilemma art is mired in. The idiosyncratic must regain space, so that we are not crushed and suffocated by the conventions. I want to involve and challenge the students. For me it is a generation we can learn from, and it from us. It's about cultivating a togetherness. Unfortunately, the current art market rather presents us the hardliners of the ego trip, the power in the art business, the powerlessness and, at this time, the conservatism very strongly, too.

UMP: In order to stand up to this current social backflash, we are working together with the students on the project *Tête-à-Tête*—movement/action/

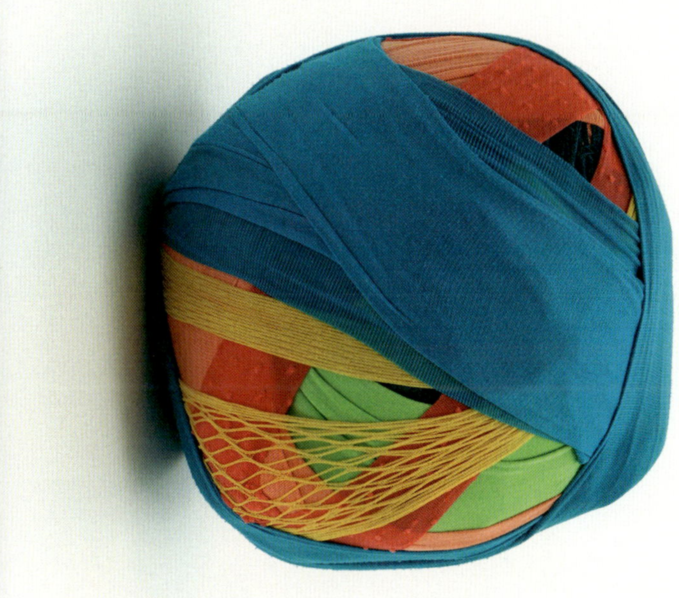

AUSTRIA

AUSTRIA

AUSTRIA

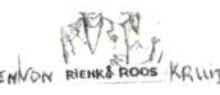

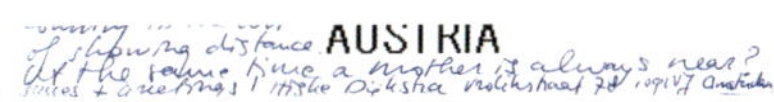

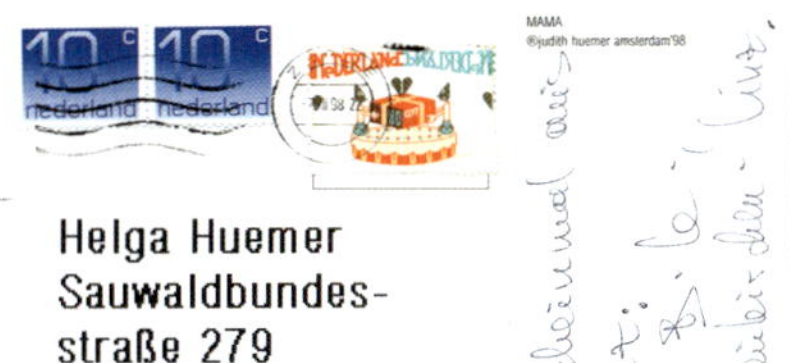

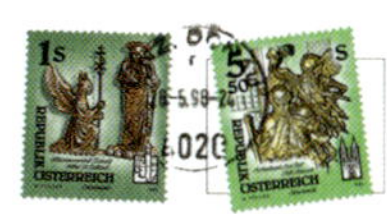

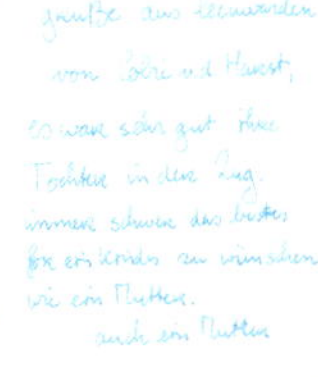

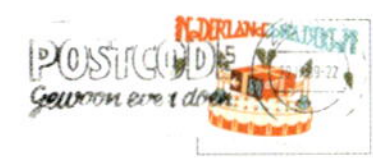

Leben und das ist im Grunde schon alles." In diesem Satz finde ich meine künstlerische Praxis auf den Punkt gebracht. Er ist der notwendige Ausgangspunkt für den künstlerischen Ausdruck, davon bin ich überzeugt. Diese einfach klingende Beschreibung über Kunst versuche ich auch immer wieder meinen Studierenden zu vermitteln, weil sie mir essenziell erscheint.

UMP: Du bist von einem starken gesellschaftspolitischen Engagement, von einem Appell an den Gemeinschaftssinn getrieben, der gleichzeitig das Wollen der einzelnen Studierenden im Auge hat.

JH: Als Leitsatz für meine Arbeit an der Akademie, für die Gruppendynamik mit den Studierenden und die Interessen und Talente jeder und jedes Einzelnen nehme ich gerne ein Zitat aus *Dialoge* von Gilles Deleuze und Claire Parnet: „Was an einer Bande besticht, ist der Umstand, dass hier jeder, seiner eigenen Sache nachgehend, die anderen trifft, dass jeder seine Beute mitbringt und sich derart ein Prozess ausbildet, ein Block sich in Bewegung setzt, der nicht mehr einem alleine gehört, sondern ‚zwischen' allen ist, wie ein kleines Segelboot, das Kinder im Wasser treiben lassen ...".

UMP: Das klingt zunächst nach einem spielerischen Zugang, worin verbirgt sich darin für dich der subversive Akt?

JH: Den Studierenden zu ermöglichen, jeweils ihre eigenständige und eigensinnige Ausdrucksform zu entdecken, darin sehe ich eine Chance, die uns aus dem derzeitigen Dilemma, in der die Kunst steckt, hinausführt. Das Eigensinnige muss wieder Raum kriegen, damit wir nicht von den Konventionen erdrückt und erstickt werden. Ich will die Studierenden involvieren und herausfordern. Für mich ist es eine Generation, von der wir lernen können, und sie von uns. Es geht darum, ein Miteinander zu kultivieren. Der aktuelle Kunstmarkt präsentiert uns leider eher die Hardliner des Egotrips, die Macht im Kunstbetrieb, die Ohnmacht und aktuell auch sehr stark den Konservatismus.

UMP: Um diesem derzeitigen gesellschaftlichen Backflash Paroli zu bieten, arbeiten wir gemeinsam mit den Studierenden an dem Projekt

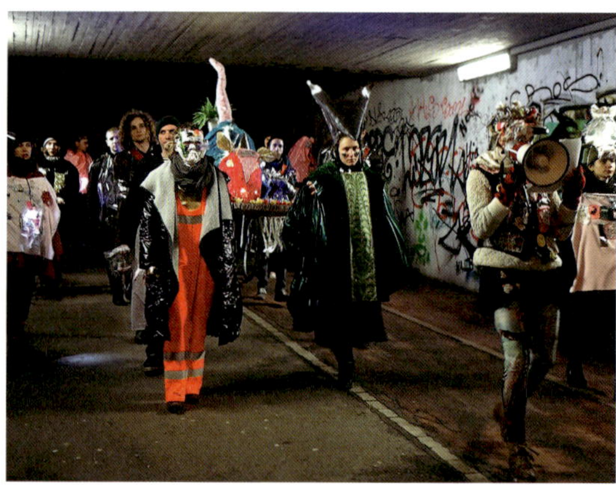

PROZESS/ON by Evi Jägle, Cosima Roth and Daphne von Schrader
Transit spot Praterstern/Vienna, 2018

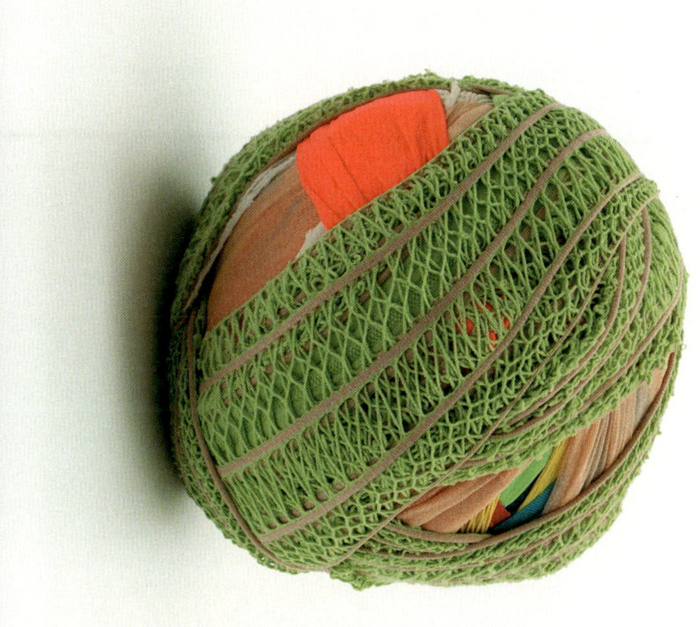

Amsterdam
Nederland

AUSTRIA

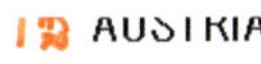

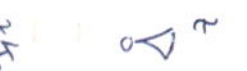

MAMA
®judith huemer amsterdam'98

Liebe Helga ;
Ich will gern,
daß Judith.
durch geht
mit kunst
machen ... , sie nicht böse!
bitte schön. sind
gun ...
weil zo
schön ist
kunst !... Bitte, sind sie nicht böse! Agnes.

Helga Huemer
Sauwaldbundes-
straße 279
A- 4792 Münzkirchen
AUSTRIA

MAMA
®judith huemer amsterdam'98

15-9-99

As a mother of a daughter
(living in Italy) I send you
this postcard. I have seen
the art-train in our town.
I did'nt like the art
but I like this post-
card, because it
remembergme to my
daughter. she had
almost the same
dollhouse!! with
regards. mrs. H. Snijder.
Transvaalstraat 24
NL- 8917 CH Leeuwarden)

Helga Huemer
Sauwaldbundes-
straße 279
A- 4792 Münzkirchen
AUSTRIA

MAMA
®judith huemer amsterdam'98

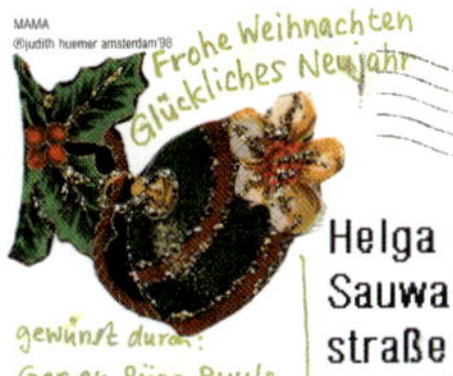

gewünst durch:
Ger en Rijna Ruuls
Hofstedenlaan 13
9301 RT Roden
HOLLAND

Helga Huemer
Sauwaldbundes-
straße 279
A- 4792 Münzkirchen
AUSTRIA

Tête-à-Tête – Bewegungs-/Aktions-/Interventions-radius Praterstern. Das Projekt beschäftigt sich mit dem Transitort Praterstern als Platz und als Bahnhof.
JH: Ich glaube an die Kraft, Bedeutung und Notwendigkeit der Kunst für die Gesellschaft. Nicht im Sinne, plakativ zu verändern, sondern vielmehr um Anstöße zu geben, selbst wenn sie nur minimale Verschiebungen zur Folge haben. Einer meiner Bewegründe, am Praterstern aktiv zu werden, war, der populistischen Politik entgegenzutreten, die Feindbilder schürt, und diese urbane Transitzone nicht als Hetz- und Hassobjekt vereinnahmen zu lassen. Wien nennt sich Großstadt und denkt erschreckend klein. Meine Idee und das künstlerische Vorhaben war, ein leer stehendes Geschäftslokal temporär mit den Studierenden zu übernehmen. Generell nichts Neues. Doch es ging mir darum, ein Angebot an die Bevölkerung zu entwickeln und zu visualisieren. Nach der Idee von Beuys, Kunst für alle. Es gibt zu viele gleichmacherische Tendenzen in unserer Gesellschaft, unserem voll durchgeregelten Lebensalltag.

UMP: Die Verkommerzialisierung und der damit einhergehende, missbräuchlich eingesetzte Lobbyismus geben in der Programmatik der Stadtentwicklung den Ton an. Kulturelle Projekte bleiben meist in der Planung ausgeklammert oder werden nicht mit adäquaten Budgets berücksichtigt.

JH: Bei jedem Bahnhof will man ein Shoppingcenter haben – für mich das Symbol schlechthin für die rasante Beschleunigung der Gleichmacherei. Überall die gleiche berieselnde Musik, die gleichen Displays mit denselben austauschbaren Marken, man wird ausschließlich zum Konsumieren aufgefordert. Meine Vision für den Verkehrsknotenpunkt Praterstern ist, dass in der Folge unseres Kunstprojektes Museen eine Dependance eröffnen, um so Parallelwelten zu initiieren. Ein Einschleusen von Kunst und Kultur in die Kommerzwelt, das dann auf andere Bahnhöfe national und international ausgedehnt wird – unsere Aktivitäten am Praterstern quasi als Pilotprojekt. – Einerseits sind wir auf der Welt auf eine gewisse Art total reich – durch das

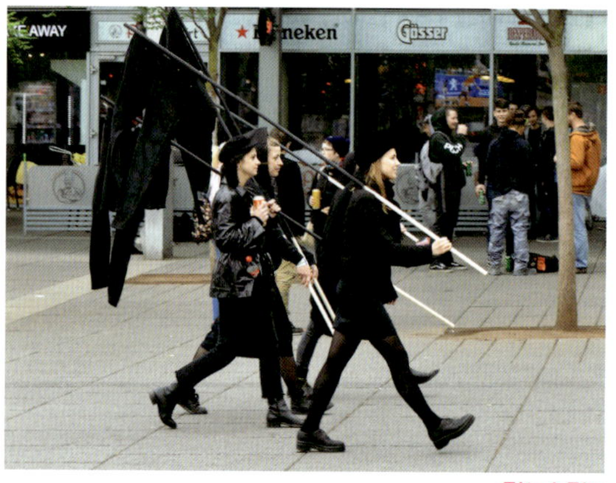

Tête-à-Tête

Make Your Mommy Proud by Liina Pääsuke
Transit spot Praterstern/Vienna, 2018

JH: Art is essential to provide a friction in order to enable non-conformity—art in the sense of a space of possibility and openness. Museums are increasingly investing in educational programs. It seems more important to me to go straight out into the urban public space. De facto, the museum is still an elitist framework. I'm not a cultural councilor, but we need to rethink museums; that's what drives me. The sociologist and philosopher Didier Eribon

page 175
wornout 2006
Pigment print, 120 x 115 cm

174

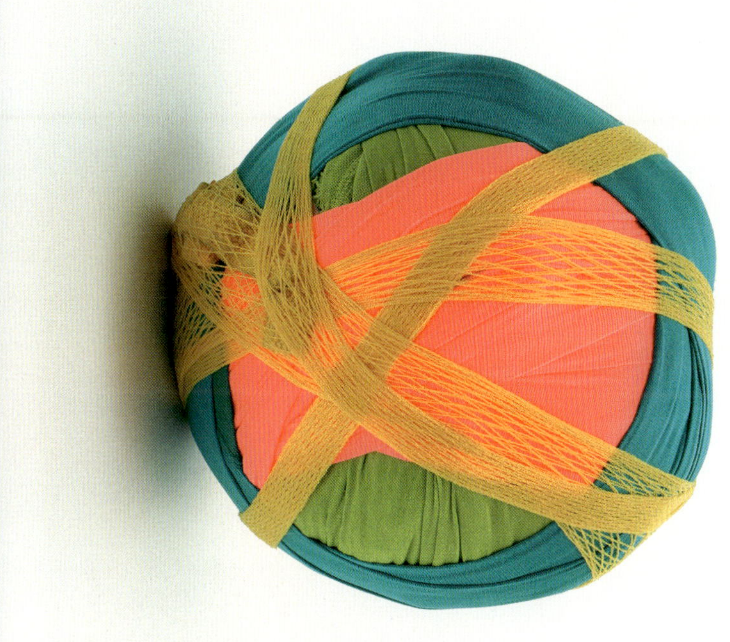

card, because it
remembered to my
daughter. she had
almost the same
dollhouse!! with
regards. mrs. H. Snyder-
Transvaalstraat 24
NL- 0917 (7 Leeuwarden)

Sauwaldbundes-
straße 279
A- 4792 Münzkirchen
AUSTRIA

World Wide Web und so weiter –, zugleich ist aber eine totale Verarmung im Gange.

UMP: Via Social Media nimmt die Kontrolle zu. Algorithmen entscheiden, was wir zu wollen haben.

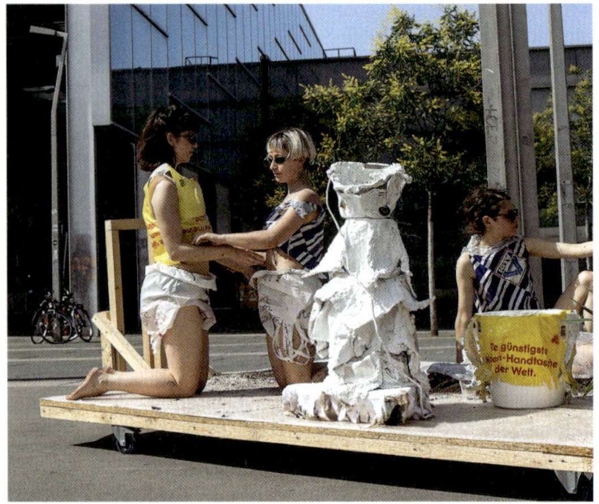

Tête-à-Tête

But the moment by Elli Brandauer
Transit spot Praterstern/Vienna, 2018

JH: Kunst ist essenziell, um eine Reibung zu bieten, um das Nichtkonforme zu ermöglichen – Kunst im Sinne eines Möglichkeitsraums und Freiraums. Museen investieren immer mehr in Vermittlungsprogramme. Wichtiger erscheint mir, gleich in den urbanen öffentlichen Raum hinauszugehen. De facto ist das Museum nach wie vor ein elitärer Rahmen. Ich bin keine Kulturstadträtin, doch wir müssen die Museen neu denken, das ist es, was mich antreibt. Der Soziologe und Philosoph Didier Eribon sagte bei seinem Vortrag über *Die Gesellschaft als Urteil* in Wien im Mai 2018, dass der Arbeiterklasse, wie er sie bezeichnet, Angebote gemacht werden müssten.

UMP: Wie würde das konkret in Bezug auf Kunst für dich aussehen? Es wird ständig verabsäumt, den kulturellen Defiziten adäquat zu begegnen.

JH: In England gibt es beispielsweise freien Eintritt in Museen, damit wird immerhin ein Zeichen gesetzt und der nicht mit Museumsbesuchen großgewordenen Bevölkerungsschicht wird eine Möglichkeit geboten. Doch in dem reichen Land Österreich ist nicht einmal dieses Öffnen möglich.

recently said in his lecture on *The Society as a Verdict* in Vienna in May 2018 that offers would have to be made to the working class, as he calls it.

UMP: What would that concretely look like for you in terms of art? There is a constant failure to adequately address cultural deficiencies.

JH: In England, for example, there is free admission to museums, so at least a sign is being set and the segment of the population that has not grown up with museum visits is being offered a chance. But in the rich country of Austria not even this opening is possible. This kind of thing totally annoys me. The author Peter Waterhouse found very beautiful words in his text *Don't be so stubborn* in the features section of *Falter* 14/18: "Culture is touch, translation. The good is spreading throughout the world. It emigrates and immigrates. The good migrates; sometimes it has to flee; often it comes without flight reasons. There is no regional art—maybe the great works of art and the little ones are the unknown region."

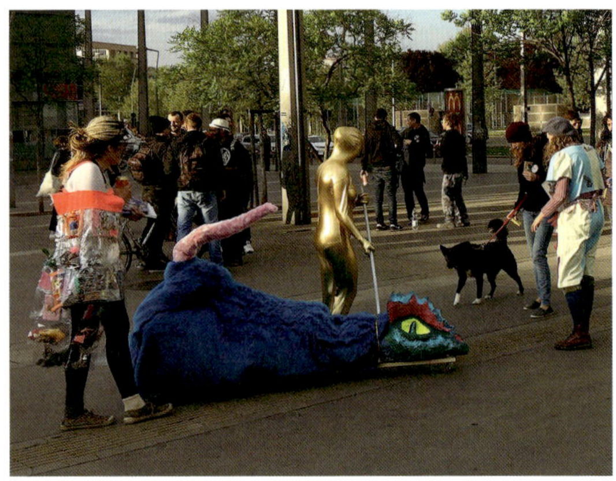

Tête-à-Tête

PROZESS/ON by Evi Jägle, Cosima Roth and Daphne von Schrader
Transit spot Praterstern/Vienna, 2018

UMP: *Tête-à-Tête*'s concept envisions opening a space of artistic action and interventions right at the station area. This would be possible through vacancies, but the rents are horrendous and the project's potential was not recognized by the decision-makers.

page 177
wornout 2007
Pigment print, 120 x 115 cm

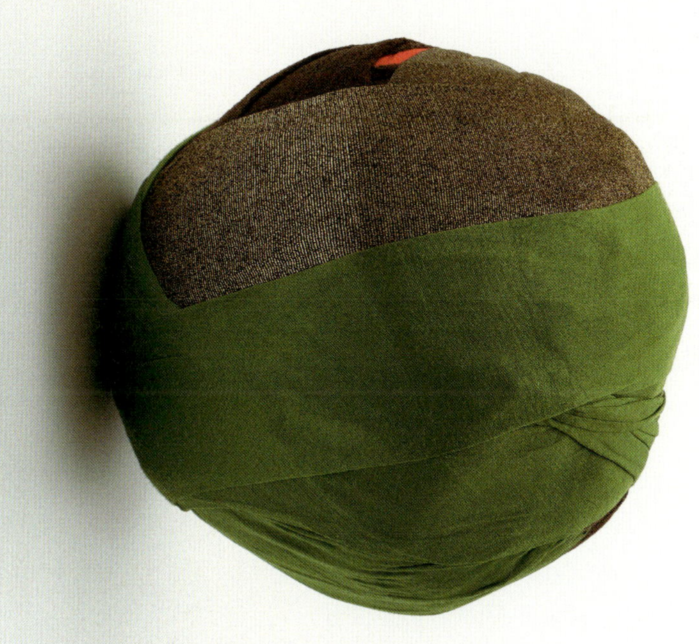

uns allen - Wir, die wir
durch das Kunstwerk
leben, fühlen ~~uns~~ doch
geschmeichelt von der
Strenge in Ihrer Stimme.
Ich grüße Sie!
Arthur

Sauwaldbundes-
straße 279
A- 4792 Münzkirchen
AUSTRIA

So etwas ärgert mich total. Der Schriftsteller Peter Waterhouse hat im Feuilleton des *Falter* 14/18 in seinem Text *Seien Sie nicht so verbissen!* diese schönen Zeilen verfasst: „Kultur ist Berührung, Übersetzung. Das Gute breitet sich nämlich in der ganzen Welt aus. Es wandert aus und ein. Das Gute migriert, manchmal muss es flüchten, oft kommt es ohne Fluchtgründe. Es gibt keine Heimatkunst – vielleicht sind die großen Kunstwerke und die kleinen die unbekannte Heimat."

UMP: Das Konzept von *Tête-à-Tête* sieht vor, einen Raum künstlerischer Aktionen und Interventionen direkt am Bahnhofsareal zu eröffnen. Durch entsprechende Leerstände wäre das möglich, doch die Mieten sind horrend und das Potenzial des Projekts wurde von den EntscheidungsträgerInnen nicht erkannt.

JH: Von der Notwendigkeit künstlerischer Interventionen in Kommerzzonen bin ich überzeugt. Das kulturelle Verständnis zu erweitern ist unserer Politik und ihren Entscheidern leider kein Anliegen. Im Gegenteil, es wird mit Heimatlied und Kaiserkrone eng gehalten, wie aktuell zu sehen ist.

UMP: Der derzeit um sich greifende Populismus hat zur Folge, dass kalkuliertes, taktisches und effizienzorientiertes Verhalten dominiert. Der bloße Widerspruch ist dafür als Contra nicht ausreichend. Die Bereitwilligkeit der politisch Verantwortlichen, Ressourcen für Diversität einfordernde Projekte bereitzustellen, ist im Schwinden. Kunst und Kultur sollen kein Luxus, sondern für jede und jeden zugänglich sein.

JH: Meine Werkserie mit dem Titel *Großzügigkeit*, 2016, entstand unter dem Eindruck von Formulierungen wie „Nein, sicher nicht. Das geht leider nicht" umgeben zu sein. Von Verhinderung, Einengung, Ab- und Ausgrenzung. Alles ist so eng normiert. Uns gehen Großzügigkeit und Toleranz im alltäglichen Leben zusehends verloren. Im politischen Diskurs fehlen sie leider schon länger. So entstanden unter anderem die „erschöpfte Großzügigkeit" und die „eingeklemmte Großzügigkeit".

UMP: Die „erschöpfte Großzügigkeit" klingt zunächst paradox.

178

JH: I am convinced of the necessity of artistic interventions in commercial zones. Unfortunately, expanding our cultural understanding is not a concern for our politics and its decision-makers. On the contrary, it is kept tight with "Heimatlied" (national song) and "Kaiserkrone" (emperor's crown), as can currently be seen.

UMP: Populism, which is spreading about, means that calculated, tactical and efficiency-oriented behavior dominates. The mere contradiction is not sufficient as a contra. The willingness of policymakers to provide resources for diversity-demanding projects is dwindling. Art and culture should not be luxury, but accessible to everyone.

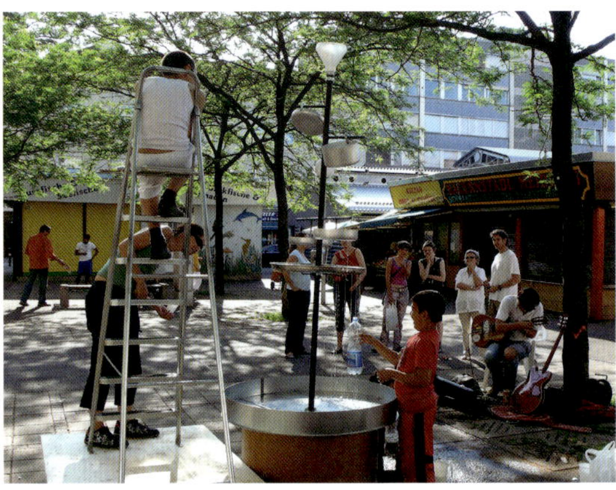

Meidlinger Markt (Meidling Market)

Bitte bringen Sie Wasser mit …
(Please bring water with you ...) by Eva Seiler
Temporary intervention, mixed media, Vienna, 2008

JH: My series of works entitled *Großzügigkeit* (Generosity) was created in 2016 under the impression of phrases like "No, certainly not. It unfortunately doesn't work." Prevention, restriction, isolation and exclusion. Everything is so closely standardized. We are increasingly losing generosity and tolerance in everyday life. They have regrettably been missing in political discourse for some time. Thus, among other things, "exhausted generosity" and "hemmed-in generosity" emerged.

page 179
wornout 2008
Pigment print, 120 x 115 cm

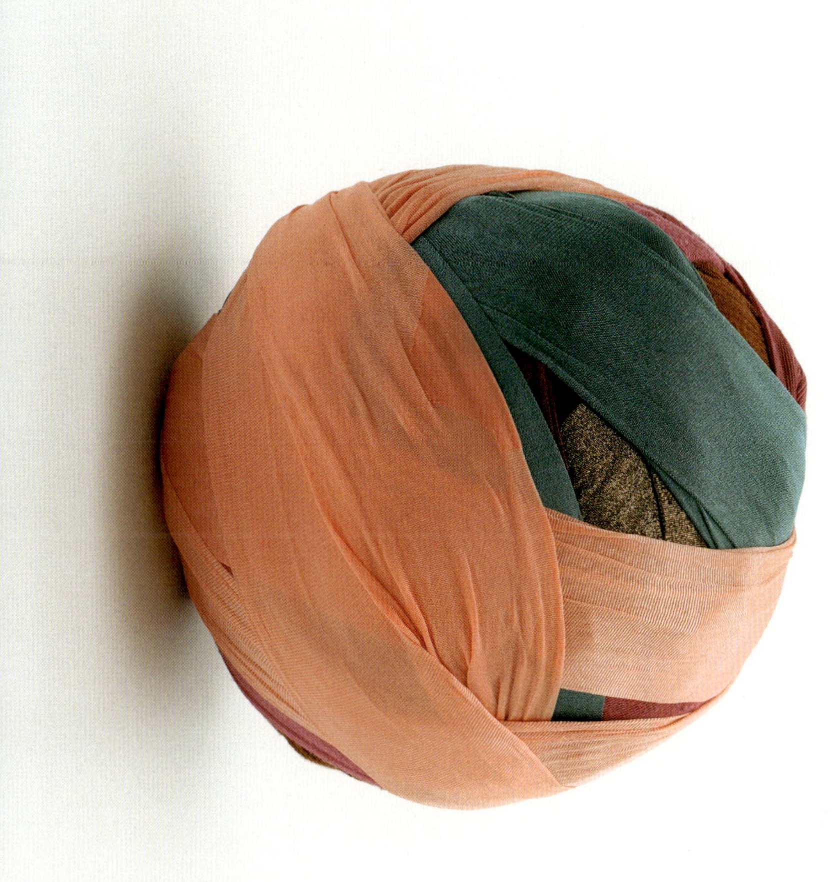

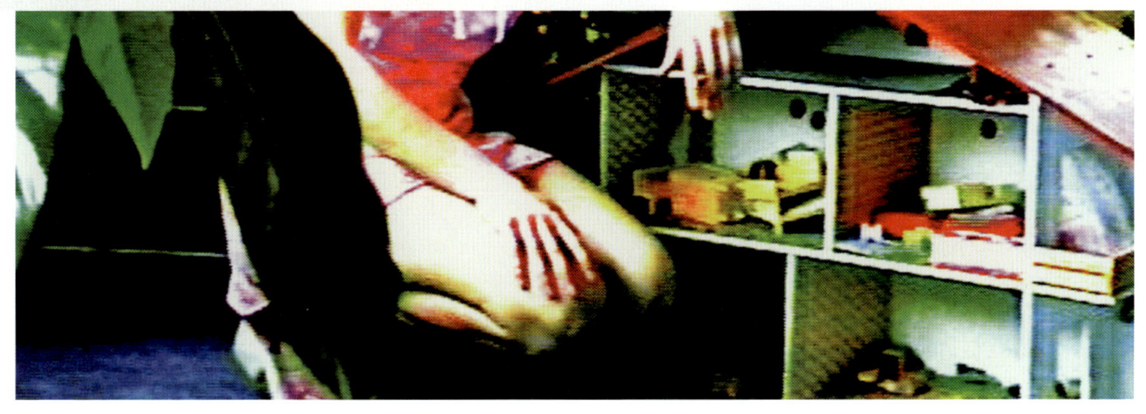

JH: Hier krümmt sich ein roter Schriftzug über ein Mauerwerk. In der frontalen Ansicht sind nur Schlingen sichtbar. Gedacht habe ich das Modell im großen Maßstab für ein öffentliches Gebäude, bei dem im Idealfall auch die Draufsicht von oben möglich ist und sich so das Wort erschließt.

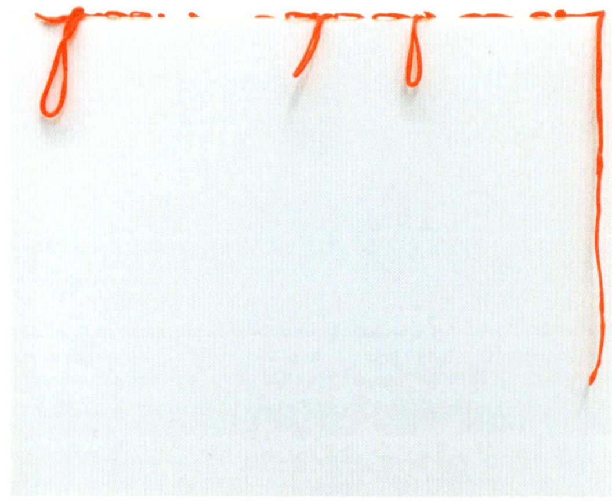

Großzügigkeit 01 (Generosity 01)
p. 115

Pigment print, 30 x 21 cm
Vienna, 2016

UMP: Bildet die „eingeklemmte Großzügigkeit" das Pendant dazu? Das lässt an eine verzwickte Lage denken. Der Mangel an Großzügigkeit in unserer gegenwärtigen eurozentrischen Gesellschaft verhindert ja das Experimentieren mit querdenkerischen Konzepten. Er steuert durch den salonfähig gemachten Konformismus ebenso auf eine Einschränkung von Freiheiten zu, die im Sinne von Michael Hardt und Antonio Negri den Ruf nach einer neuen demokratischen Ordnung laut werden lässt.

JH: Die „eingeklemmte Großzügigkeit" ist ebenfalls im großen Maßstab gedacht. Hier ist der Schriftzug zwischen zwei Mauerstücken eingeklemmt. Sichtbar bleiben einmal mehr die Schlingen. Ich habe beide Werke als Modellabbildungen freigegeben für die Akademie, denn auch hier vermisse ich des Öfteren die Großzügigkeit. Institutionen können schon ziemlich einengen, weil sie oft durch Bürokratien und Verwaltungsapparate eng gehalten werden. Beide Werke haben bei der Kunstauktion zur Unterstützung von minderjährigen Flüchtlingen

UMP: "Exhausted generosity" sounds paradoxical at first.

JH: Red lettering curves over a wall here. Only nooses are visible in the frontal view. I conceived the model on a large scale for a public building, in which the top view is also ideally possible from above and the word discloses itself in this way.

UMP: Does "hemmed-in generosity" form a counterpart to this? That makes one think of a complicated situation. The lack of generosity in our present Eurocentric society prevents experimentation with contrary-thinking concepts. Through the conformism that has been made socially acceptable, it also steers towards a restriction of freedoms that lets the call for a new democratic order in the sense of Michael Hardt and Antonio Negri get louder.

JH: "Hemmed-in generosity" is likewise conceived on a large scale. Here the lettering is sandwiched between two pieces of a wall. The loops remain visible once more. I have permitted both works to be model images for the Academy, because I often miss the generosity here, too. Institutions can be quite restrictive because they are often kept tight by bureaucracies and administrative machinery. Both works have found interested buyers in the art auction to support underage refugees. At the same time, I began a series of drawings entitled *kleinkariert*.

UMP: "Kleinkariert" (small-minded) in an allusion to narrow-minded, petty-bourgeois behavior is reminiscent of the literary utterances of Thomas Bernhard about such character traits. The comparison of a petty person with the checkered line pattern of plotting paper probably does not find such an equivalent in any other language than in German.

JH: The individual drawings from the series are marked with the respective date of origin. Each sheet begins with a small square box, like in the checkered exercise books, but my notebooks are blank. One square is followed by the next. And though I try to continue in a grid, digressions, protrusions and a catapulting out of the pattern always

page 181
wornout 2009
Pigment print, 120 x 115 cm

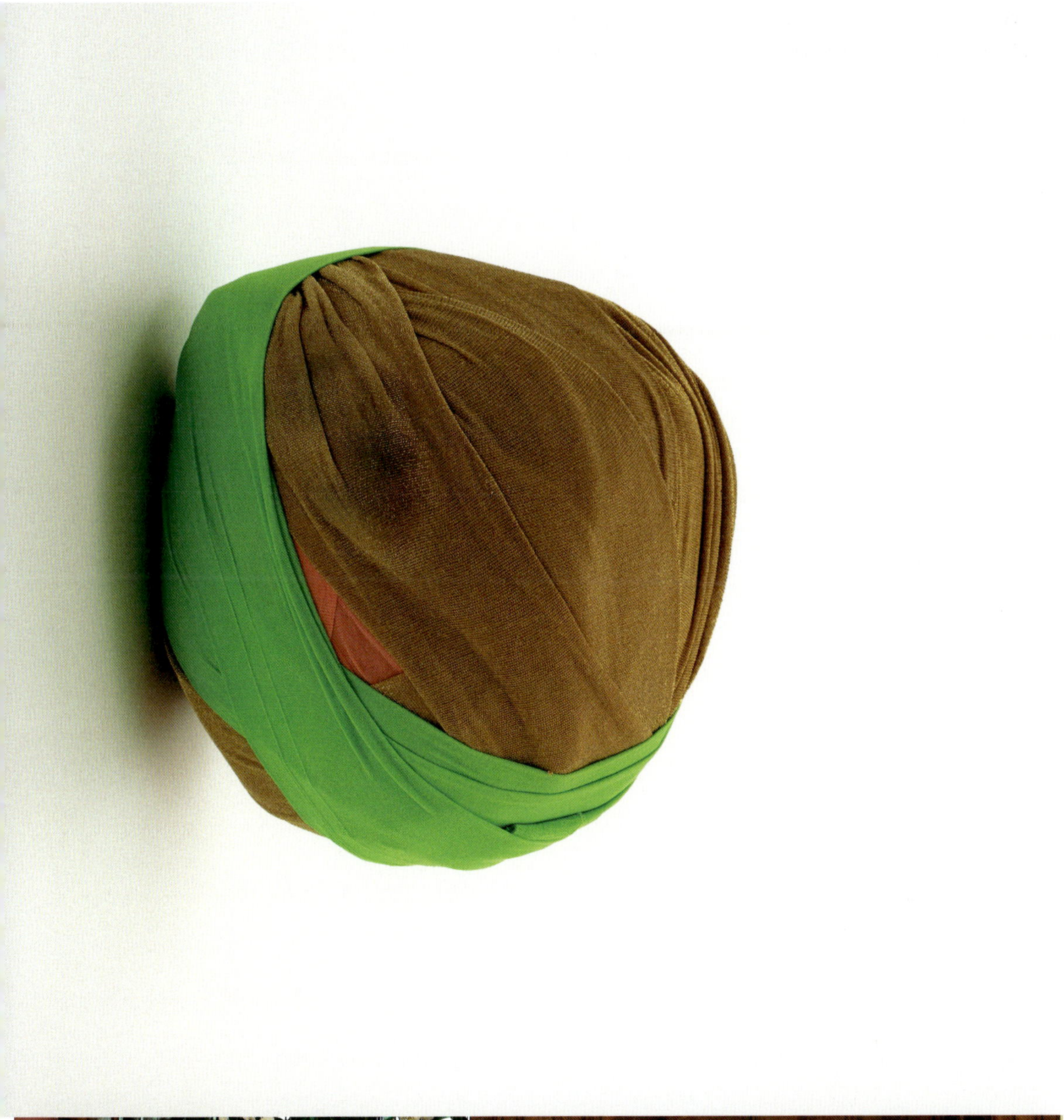

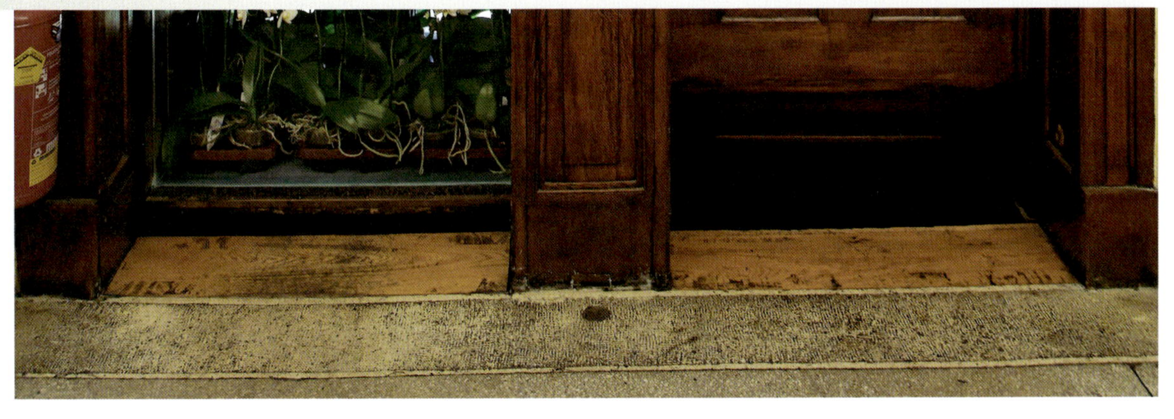

interessierte Käufer gefunden. Zeitgleich habe ich eine Zeichenserie mit dem Titel *kleinkariert* begonnen.

UMP: „Kleinkariert" in Anspielung an engstirniges, spießbürgerliches Handeln lässt an die literarischen Auslassungen von Thomas Bernhard über derartige Charaktereigenschaften denken. Der Vergleich eines kleinlichen Menschen mit dem Linienmuster eines Millimeterpapiers findet wohl in keiner anderen Sprache als im Deutschen ein solches Äquivalent.

JH: Die einzelnen Zeichnungen aus der Serie sind mit dem jeweiligen Entstehungsdatum versehen. Jedes Blatt beginnt mit einem kleinen quadratischen Kästchen, wie in den karierten Schulheften, allerdings sind meine Hefte blanko. Einem Viereck folgt das nächste. Und obwohl ich mich darin versuche, in einem Raster fortzufahren, kommt es immer zu Ausschweifungen und Ausbuchtungen, einem sich Herauskatapultieren aus dem Muster. Auch im gezeichneten Kreuzstich, einer traditionellen Sticktechnik, habe ich mich versucht. Die Serie *kleinkariert* ist Work in Progress.

UMP: Darin steckt ein emanzipatorisches Potenzial, das über jenes des Feminismus hinausgeht und sich mit unserer Klassengesellschaft befasst. Die derzeit zwischen Arm und Reich durch politisches, asoziales Agieren gezogenen Gräben werden immer tiefer. Das betrifft uns alle und zeichnet Lebenswege vor.

JH: Die Emanzipation, meine Emanzipation, geht weiter. Von der dörflichen Struktur, von den Eltern und Großeltern und klassischen traditionellen Familienmustern und ihren Lebenswegen bis hin zur Ablösung von Bürokratismen und Akademismen und deren jeweiligem Habitus. Weniger entsprechen wollen, sondern dem „Es" zu folgen – das ist es, was mich antreibt.

UMP: Eine Triebfeder, die sich in unzähligen deiner Arbeiten zeigt.

JH: Das Buch *Rückkehr nach Reims* von Didier Eribon hat mich teilweise in meinen eigenen Wahrnehmungen bestätigt. Es hat mich zum Nachdenken gebracht. Es heißt darin zum Beispiel auf den

result. I also had a try at the drawn cross-stitch, a traditional embroidery technique. The *kleinkariert* series is small work in progress.

UMP: An emancipatory potential that goes beyond feminism and deals with our class society is entailed within it. The trenches currently being dug between rich and poor through political, antisocial action are becoming deeper and deeper. This affects every one of us and predetermines our ways of life.

JH: Emancipation, my emancipation, continues. From the village structure, from the parents and grandparents and classic, traditional family patterns and their life paths to the dissolution of bureaucracisms and academicisms and their respective habitus. To want to comply less, but to follow the "it"—that is what drives me.

UMP: A driving force that shows itself in countless works of yours.

JH: The book *Returning to Reims* by Didier Eribon has partially affirmed me in my own perceptions. It made me think. It says, for example, on pages 98 and 99: "It was also necessary to relearn how to talk (...) in short: to keep both my language and my delivery of it under constant surveillance." "Posturing has always intimidated me, yet I've done everything to become like these people, to display the same looseness in cultural contexts and to give the impression that I was born that way."

UMP: The locations of power have such dominance that even those accustomed to advocating de-hierarchized structures suddenly develop a shameless lust for power and stick to it as soon as they are part of the "club."

JH: The privileged circles, with their sometimes pronounced self-satisfaction and sense of superiority, can be quite intimidating. For example, when collective laughter spreads over people who, because of their background or dialect, are clearly not from the academically educated, knowledge-oriented class. I am irritated and disgusted by such a situation—a collective amusement in the elite circle—again and

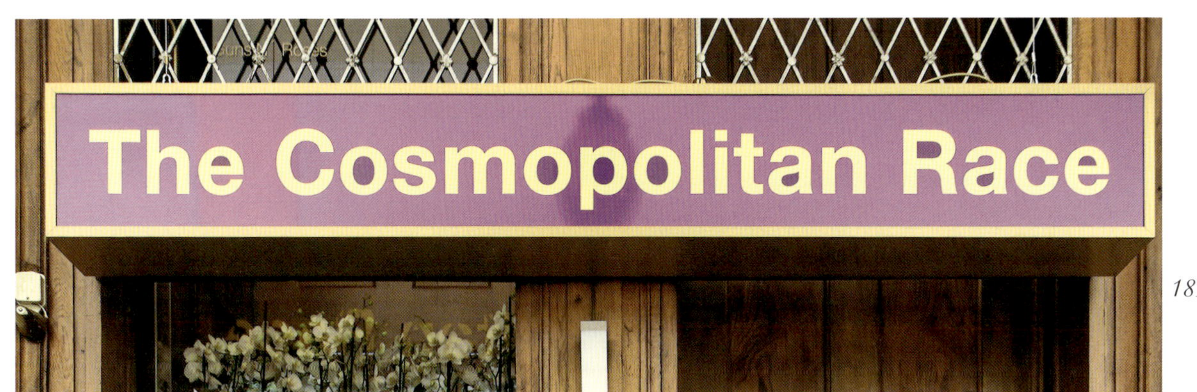

The Cosmopolitan Race

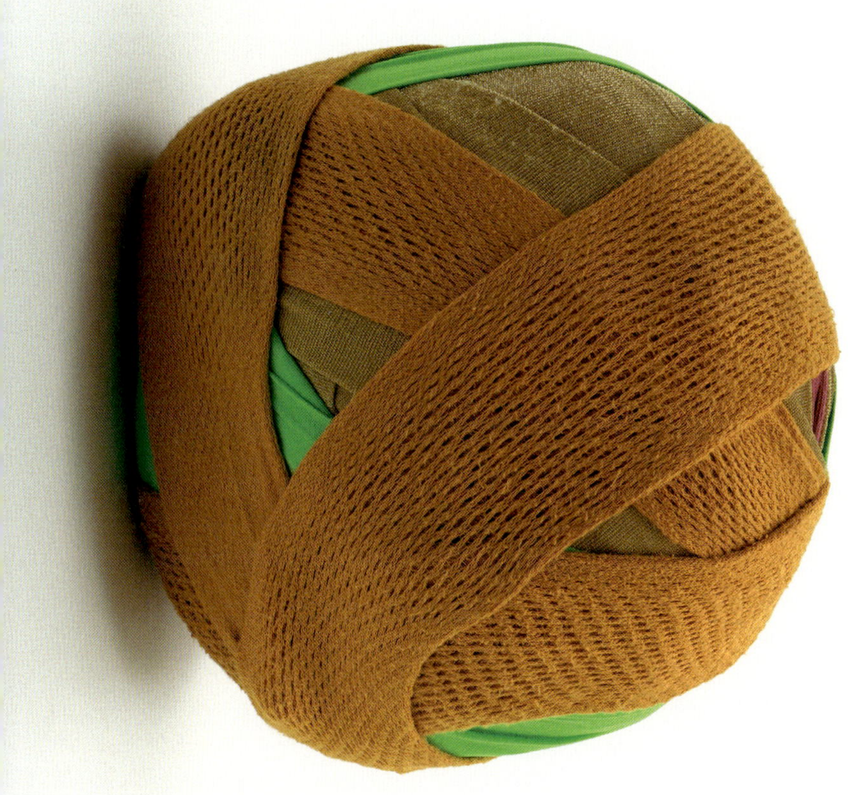

Seiten 98 und 99: „Auch das Sprechen musste ich von Grund auf neu lernen (…) – kurz: Ich musste meine Sprache und meine Ausdrucksweise permanent überwachen". „Dieses Gehabe hat mich seit je eingeschüchtert, und doch tat ich alles dafür, so zu werden wie diese Leute, in kulturellen Kontexten dieselbe Lockerheit an den Tag zu legen und den Eindruck zu vermitteln, ich sei ebenfalls so geboren worden."

UMP: Die Schauplätze der Macht verfügen über eine derartige Dominanz, dass selbst jene, die zunächst für dehierarchisierte Strukturen eintreten, plötzlich, sobald sie zum „Klub" gehören, einen schamlosen Machthunger entwickeln und daran festkleben.

JH: Die privilegierten Kreise mit ihrer zum Teil stark ausgeprägten Selbstzufriedenheit und ihrem Überlegenheitsgefühl können ziemlich einschüchternd wirken. Wenn sich zum Beispiel ein kollektives Gelächter über Personen breit macht, die aufgrund ihrer Herkunft oder ihres Dialekts erkennbar nicht aus der akademisch gebildeten, wissensaffinen Schicht stammen. Mich irritiert und widert solch eine Situation – eine kollektive Belustigung im elitären Kreis – immer wieder an, lässt mich äußerlich verstummen, während ich innerlich koche.

UMP: Das Recht auf Bildung und auf Vielfalt spiegelt sich nicht in der Bereitschaft wider, voneinander zu lernen.

JH: Es ist schwer, sich in einer Welt zu behaupten, in die man aufgenommen werden möchte und nicht hineingeboren wurde. Es ist ein Ringen und Kämpfen und sicher auch ein Hinterfragen dessen, ob es das wert ist.

UMP: Da ist enorme Disziplin gefordert. Das Musikbusiness oder auch Sportarten wie Fußball – obwohl nationalistisch stark vereinnahmt – ermöglichen es Kids, aus Klassenstrukturen auszubrechen. Doch da heißt es verdammt gut zu sein, denn nach oben wird die Luft dünn. Kunst bietet zwar ebenfalls ein Terrain, doch das Risiko, sich ständig prekären Konditionen ausgesetzt zu sehen, bleibt groß. Ohne entsprechenden familiären

again, making me outwardly silent while I inwardly boil.

UMP: The right to education and diversity is not reflected in the willingness to learn from each other.

JH: It's hard to assert yourself in a world you want to be accepted into and were not born into. It's a struggle and certainly also a questioning of whether it's worth it.

UMP: There is an enormous need for discipline. The music business or even sports like football—although highly co-opted nationalistically—allow kids to break out of class structures. But that means being damn good, because the air gets thin at the top. Although art also offers a terrain, the risk of being exposed to constantly precarious conditions remains high. Without an appropriate family background, becoming and being an artist requires a lot of courage.

JH: Eribon, for example, made a radical cut, a complete dissociation from his origin. I'll have a try at another balancing act.

UMP: Art as a promise of a self-determined life?

JH: The most important thing was and always is the freedom in artistic expression, an unrestricted designing as a way to do something that enables a self-determined life. I have often sabotaged myself and attempted to adopt the behavior of others in the hope of finally being allowed to belong. And yet I wanted to stand to myself and my ideas and values because I cannot do otherwise. This has always led to a mess. Here I come to the great lines of Peter Handke in his book *Walk about the Villages* from 1981: "Play the game. Endanger your work even more. Don't be the top dog. Seek out the face-off. (…) but hate to win."

UMP: The phrase "hate to win" very nicely brings it to the point that it is not about winning or setting yourself up conveniently in comfort zones, but about being constantly vigilant and moving things forward.

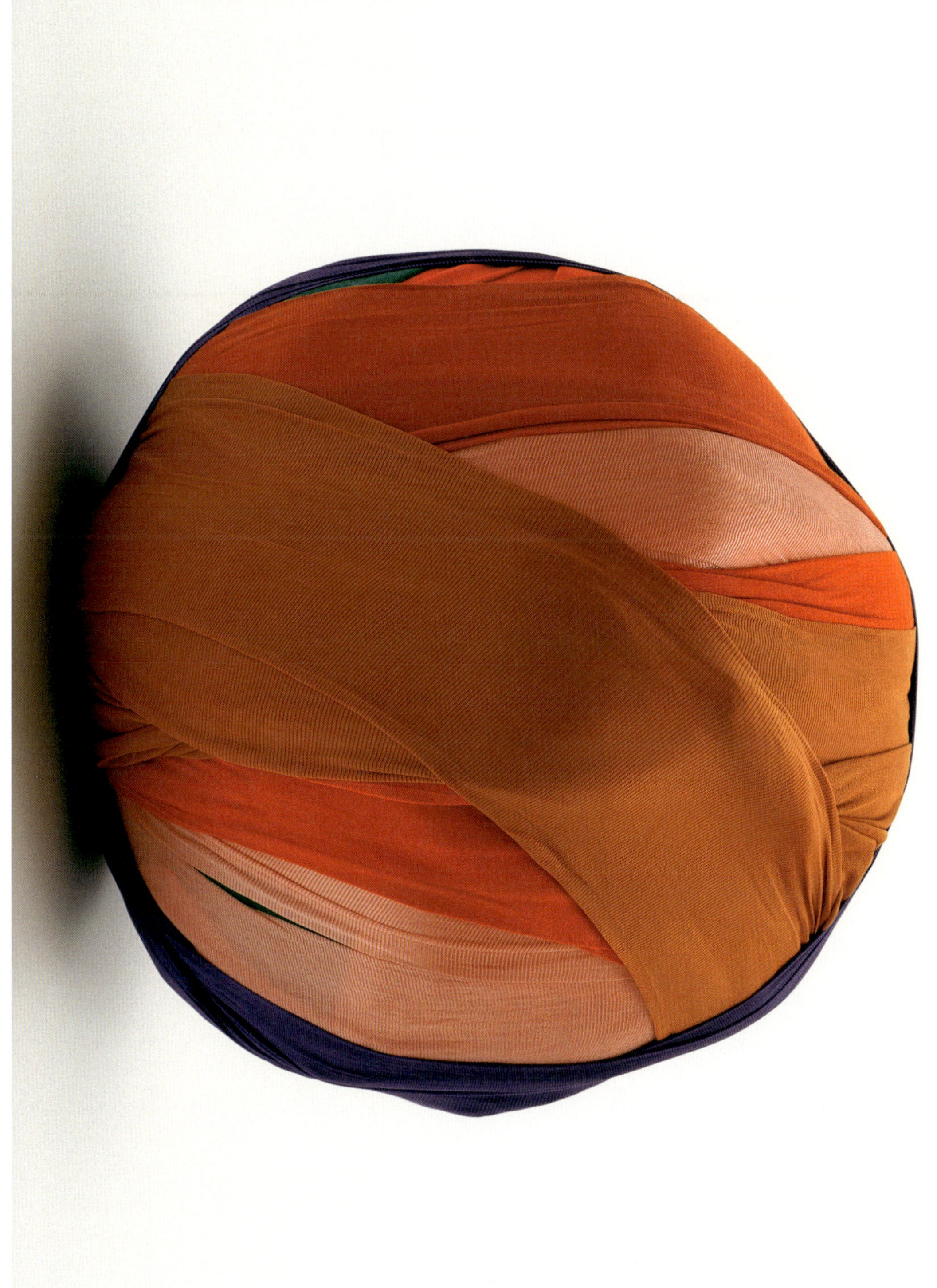

Background verlangt Künstlerin zu werden und zu sein viel Mut.

JH: Eribon zum Beispiel hat einen radikalen Cut gemacht. Völlige Abgrenzung zu seiner Herkunft. Ich versuche mich in einem anderen Spagat.

UMP: Kunst als Versprechen auf ein selbstbestimmtes Leben?

186

JH: Am wichtigsten war und ist mir immer die Freiheit im künstlerischen Ausdruck, ein uneingeschränktes Gestalten als Möglichkeit, etwas zu tun, was ein selbstbestimmtes Leben ermöglicht. Ich habe mich oft selbst sabotiert und versucht, das Verhalten der anderen anzunehmen, in der Hoffnung, doch endlich dazugehören zu dürfen. Und doch wollte ich zu mir und meinen Vorstellungen und Werten stehen, weil ich auch gar nicht anders kann. Das hat immer wieder zum Schlamassel geführt. Da komme ich zu den großartigen Zeilen von Peter Handke in seinem Buch *Über die Dörfer. Dramatisches Gedicht* von 1981, Seite 19: „Spiele das Spiel. Gefährde die Arbeit noch mehr. Sei nicht die Hauptperson. Such die Gegenüberstellung. (...) verachte den Sieg."

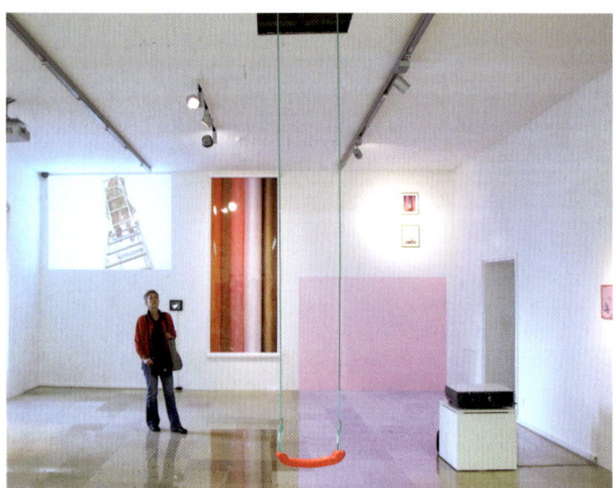

INTERMEZZI

Höhenrausch, Offenes Kulturhaus,
OÖ Kunstsammlung Linz/Austria, 2011

UMP: Die Phrase „Verachte den Sieg" bringt sehr schön auf den Punkt, dass es nicht darum geht, zu gewinnen, sich bequem in Komfortzonen einzurichten, sondern permanent wachsam zu sein und die Dinge voranzutreiben.

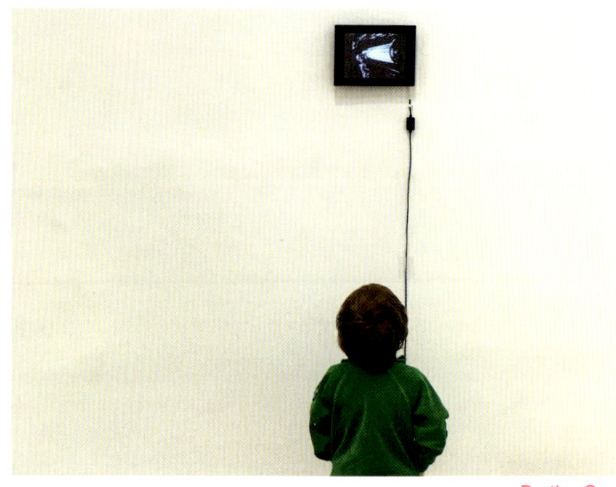

Be the One
p.139

Künstlerhaus Vienna, 2016
OÖ Kunstverein Linz/Austria, 2014
Höhenrausch, Offenes Kulturhaus
OÖ Kunstsammlung Linz/Austria, 2011

JH: The video work *Be the One*, for example, originated during an excursion to New York with my students in 2011. We had a packed schedule. On the last evening before departure, or more precisely at night—instead of going to a party—I decided to turn a symbol of power over. With a handheld camera, without a tripod, very simple, I positioned myself in front of the Rockefeller Center and pressed the record button. Representations of power, masculinity and capitalism are omnipresent par excellence in New York. Nonetheless, I love New York as a city.

UMP: You did not use deconstruction practices, but developed other methods that encourage experimentation with media and formats.

page 187
wornout 2012
Pigment print, 120 x 115 cm

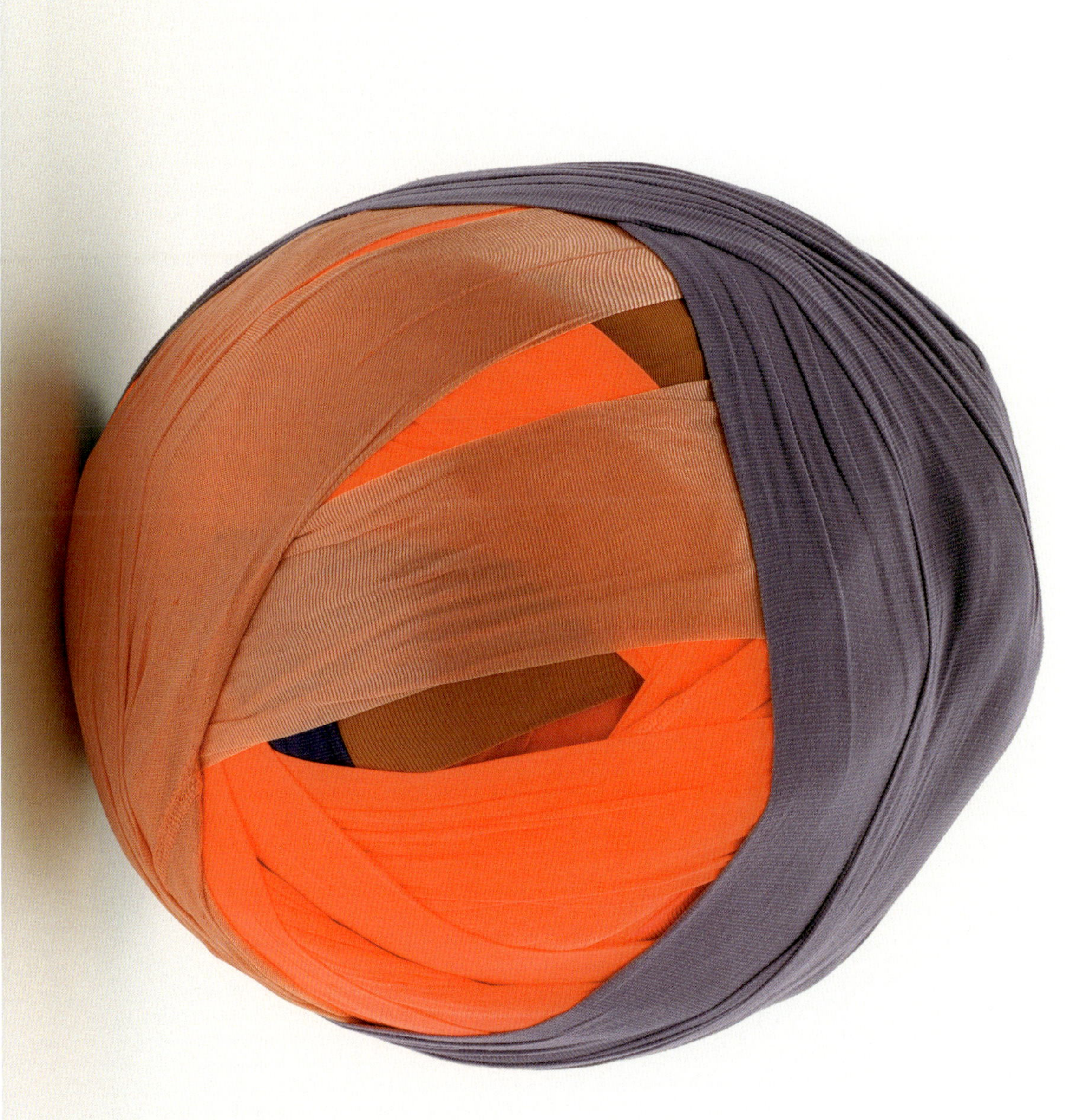

JH: Für mich ist es das, was das Leben ausmacht. Es braucht eine kritische Kraft, um lebendig zu sein. Das macht es mir oft schwer, auch im Kunstbetrieb, sensibilisiert mich aber auch im gesellschaftlichen und politischen Diskurs.

UMP: Eine rebellische Energie und ein ausgeprägter Gerechtigkeitssinn sind dir offensichtlich einverleibt. Diese konfrontative Auseinandersetzung mit Symbolen der Macht fließt auch in deine künstlerische Arbeit ein.

JH: Die Videoarbeit *Be the One* ist beispielsweise während einer New-York-Exkursion mit meinen Studierenden 2011 entstanden. Wir hatten dichtes Programm. Am letzten Abend vor Abflug oder genauer in der Nacht – anstatt zu einer Party zu gehen – beschloss ich, ein Symbol der Macht zum Kippen zu bringen. Mit Handkamera, ohne Stativ, ganz simpel, habe ich mich vor dem Rockefeller Center positioniert und den Recorder-Button gedrückt. Repräsentationen von Macht, Männlichkeit, Kapitalismus sind in New York par excellence allgegenwärtig. – New York als Stadt liebe ich trotzdem.

UMP: Du hast dabei nicht Praktiken der Dekonstruktion angewandt, sondern andere Methoden entwickelt, die zu einem experimentierfreudigen Umgang mit Medien und Formaten anregen.

JH: Zurück in Wien, wurde mir klar, dass es mir in der Visualisierung vor allem darum geht, die Entmachtung dieser monumentalen Präsenz zu bewirken. Das ist mir gelungen, indem ich das Set auf Schwarz-Weiß reduziert habe. Auch das Drehmoment ist dabei wichtig: Das Hochhaus ist auf den Kopf gestellt und dreht sich in Endlosschleife um die eigene Achse. Außerdem habe ich die Monumentalität sabotiert, indem ich das Video auf einem sehr kleinen Display wiedergab. Die Aufnahmen wurden im Kleinformat abgespielt und waren gerade deshalb markant – doch anders als vertraut.

UMP: Also völlig anders, als wir mediale Reproduktionen von Monumentalität und Macht gewohnt sind.

JH: Für mich braucht es nicht immer groß, laut oder schrill sein. Es kann auch ganz klein werden. Es

JH: Back in Vienna, I realized that visualization is all about effecting the disempowerment of this monumental presence. I did that by reducing the set to black and white. The turning moment is also important: The skyscraper is turned upside down and moves in an endless loop around its own axis. Moreover, I sabotaged the monumentality by playing the video on a very small display. The recordings were played in a small format and were striking precisely because of that—but different from what we are familiar with.

UMP: Therefore, completely different from the media reproductions of monumentality and power we are used to.

JH: For me, it does not always have to be big, loud or shrill. It can also be very small. I am concerned with differentiation. With finding a suitable and specific material for each idea, content and its expression. My formal aesthetic claim is high, also in terms of precision, and above all in the claim to materiality. I also demand this sensitization in the understanding of materials from my students, as a visual learning process.

UMP: It's therefore about finding the best possible visual language without falling into an infatuation with a material. This is also a topic in your current publication.

JH: The picture sample of the book is now available to me. According to the printer, in the best paper quality that is currently available to reproduce photos. But the feel of the book is too slick for me. I wonder what other kind of paper it could be for an excellent picture quality, but without being so smooth. My perception of art once again overlaps my perception of society precisely there. Because this slipperiness corresponds completely to the current development, and I do not want to have to comply with that. The social media with their superficiality aim for it. This is how we lose skills in

Goldstück (Gold Piece)
Temporary intervention, mixed media
Crypt of the Ursuline Church Linz/Austria, 2010

188

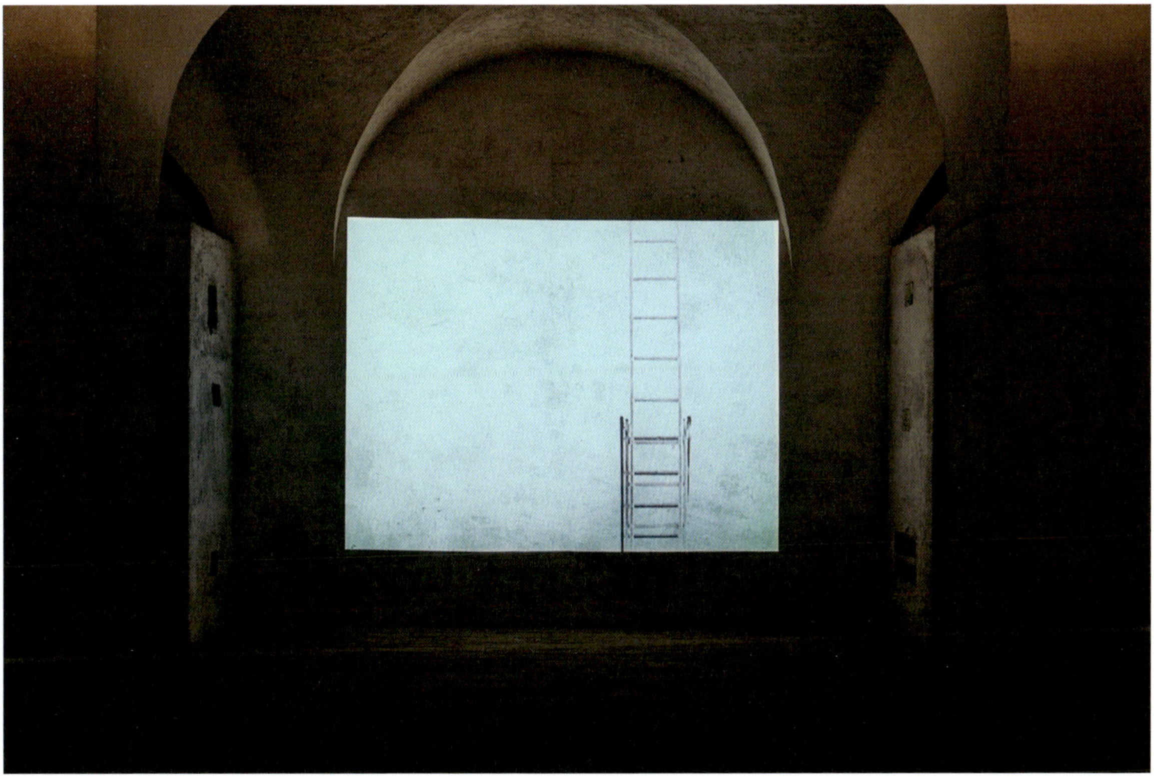

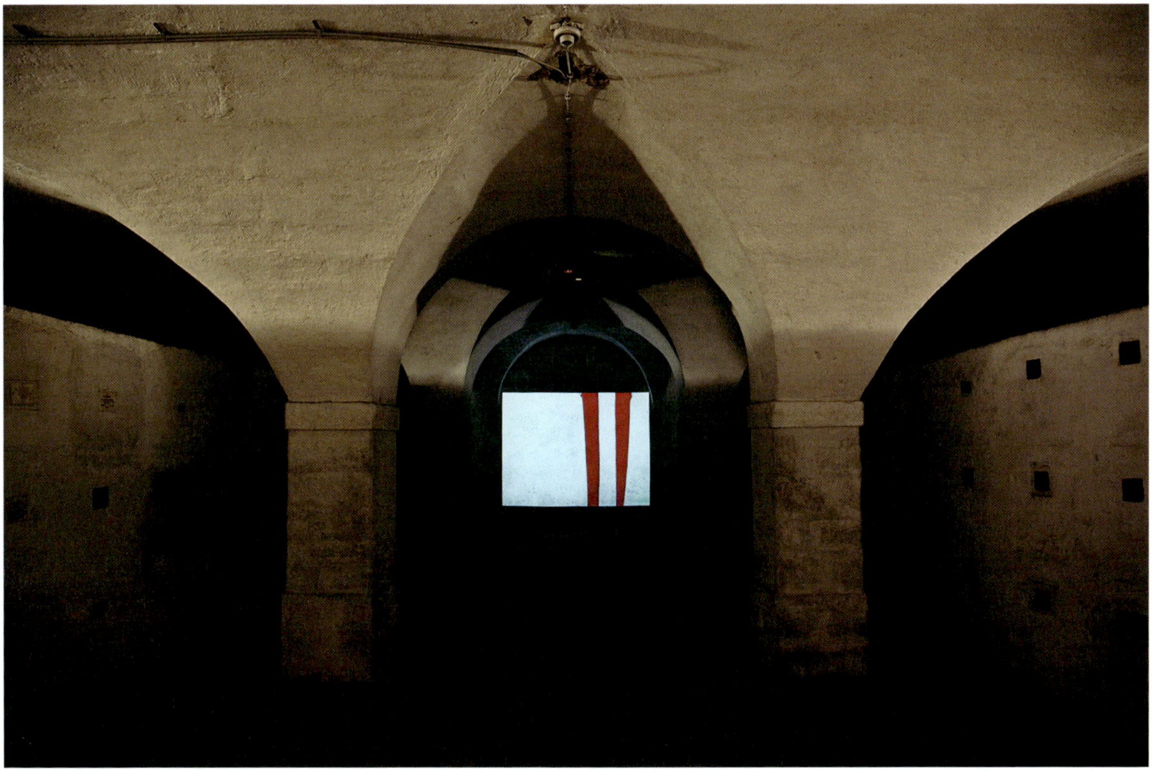

geht mir um die Differenzierung. Darum, zur jeweiligen Idee, Inhaltlichkeit und deren Ausdruck ein entsprechendes und spezifisches Material zu finden. Mein formal ästhetischer Anspruch ist hoch, auch in puncto Präzision und vor allem im Anspruch an die Materialität. Diese Sensibilisierung im Materialverständnis verlange ich als visuellen Lernprozess auch von meinen Studierenden.

UMP: Es geht also darum, das Bestmögliche für die visuelle Sprache zu finden, ohne dabei in eine Materialverliebtheit zu verfallen. Auch bei deiner aktuellen Publikation ist das ein Thema.

JH: Das Blindmuster des Buchs liegt mir nun vor. Laut Druckerei in der besten Papierqualität, die es zurzeit gibt, um Fotos abzubilden. Doch die Haptik des Buches ist mir zu slick. Ich überlege, welches Papier es sonst sein könnte für eine ausgezeichnete Bildqualität, doch ohne so glatt zu sein. Genau da greift meine Wahrnehmung von Kunst wieder in meine Wahrnehmung der Gesellschaft über. Denn das Aalglatte entspricht ganz der gegenwärtigen Entwicklung, und dem möchte ich nicht entsprechen müssen. Die Social Media mit ihrer Oberflächlichkeit zielen darauf ab. So gehen uns Fähigkeiten in der differenzierten Wahrnehmung verloren. Es ist eine Verarmung unserer Gesellschaft in Hinblick auf das taktile Empfinden.

UMP: Das betrifft auch Nuancierungen im Begreifen von Strukturen, die sich unter den Oberflächen verbergen.

JH: Ich finde es wichtig, auf Details zu schauen. Diese Unterscheidungsfähigkeit geht uns verloren, sowohl visuell als auch sprachlich. Ich bin ein Fan der Vielfalt. Ich mache ungern Kompromisse, bin akribisch, um das Richtige zu finden. Die Produktion einer Fotoserie kann dann bis zu drei Jahre dauern, weil ich mich auf unzählige Proben und Teststreifen einlasse und in zusätzliche Produktionskosten investiere, um dem auf die Spur zu kommen, was ich dann wert finde, Endergebnis zu nennen. Da scheue ich keinen Aufwand.

UMP: Unlängst habe ich als Schriftzug gegen eine Mauer gesprüht gelesen: „Die Rebellion ist jung". Doch egal wie jung oder alt jemand ist – allein durch

differentiated perception. It is an impoverishment of our society in terms of tactile sensibility.

UMP: This also applies to nuances in the understanding of structures that hide under the surfaces.

JH: I think it's important to look at details. This faculty of discrimination is lost to us, both visually and linguistically. I am a fan of diversity. I do not like making compromises; I'm meticulous in finding the right thing. The production of a photo series can then take up to three years, because I get involved in countless samples and test strips, and invest in additional production costs to get on to what I then find worth calling an end result. I spare no effort there.

UMP: Recently, I read lettering sprayed against a wall: "The rebellion is young." But no matter how young or old someone actually is—just by rebelling he or she shows a behavior that is hastily attributed to young people. The thought of it fascinates me, because it undermines the age categories that our society constantly brings into play.

JH: In the mentioned text in *Falter* 14/18, Peter Waterhouse quotes Amiel: "Allow life to unfold freely. The one thing needful is to throw off all one's load of cares, of preoccupations, of pedantry, and to become again young."

UMP: You have dealt intensively with the dissolution of common boundaries between young and old in an interdisciplinary project with alpacas.

JH: I conceived the project *gesellig* (sociable) as part of a commissioned art competition for a nursing home in Upper Austria. It was already clear to me in advance that my idea could diametrically oppose those of the jury. Such juries mostly prefer a unique setting—solid, static, and with little or no maintenance.

UMP: Nevertheless, you have proposed this very elaborate project both in the conceptual design as well as in the research.

JH: It was the only correct thing for me. My aim was to propose a project that allows for an

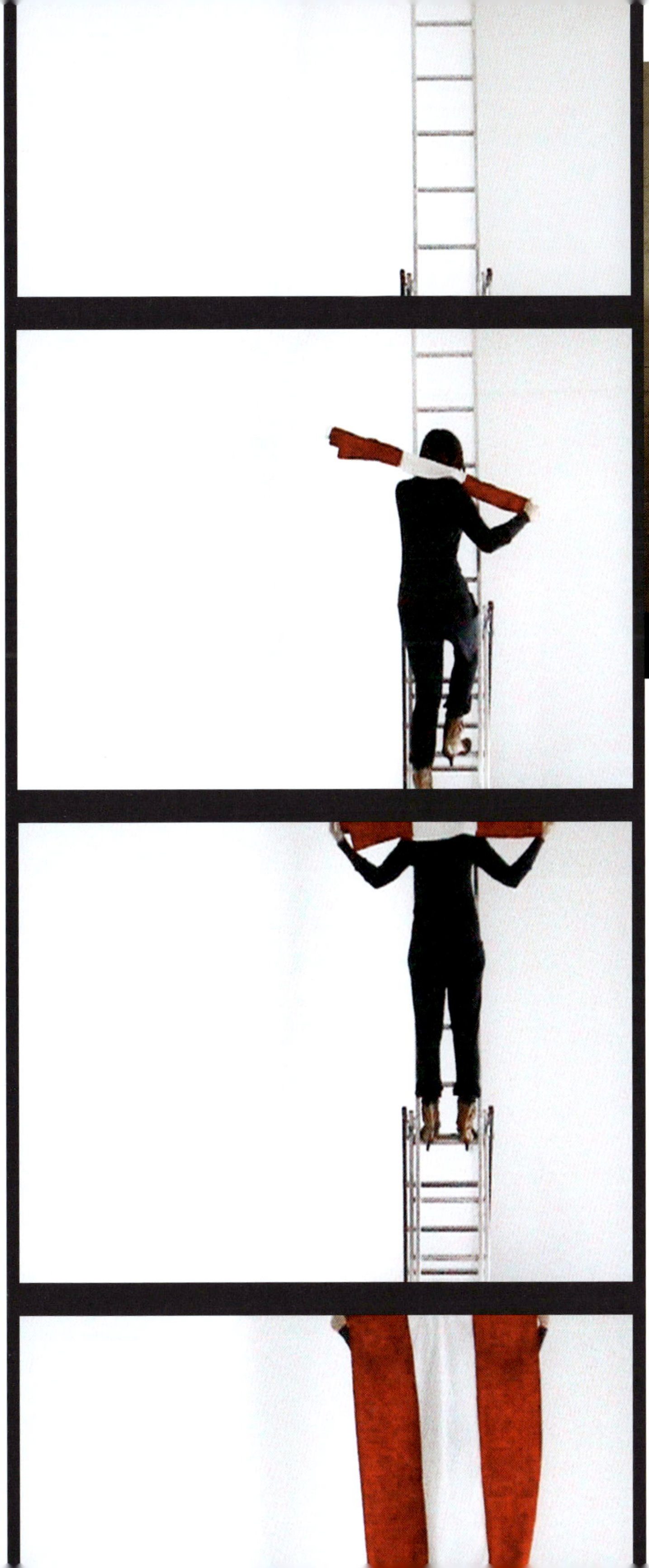

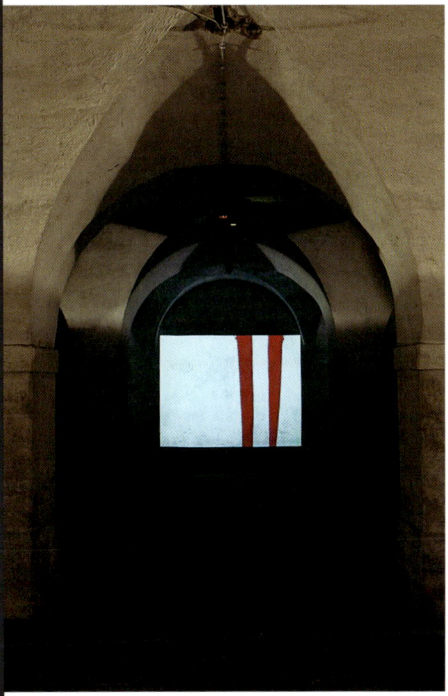

das Rebellieren zeigt sie oder er ein Verhalten, das vorschnell jungen Menschen zugeschrieben wird. Der Gedanke daran fasziniert mich, weil er die von unserer Gesellschaft ständig ins Spiel gebrachten Alterskategorien aushebelt.

JH: In dem erwähnten *Falter*-Text zitiert Peter Waterhouse Amiel: „Erlauben wir doch dem Leben, sich frei zu entfalten. Man muss Sorgen, Unruhe und Pedanterie beiseite lassen; man muss jung werden."

UMP: Mit der Auflösung gängiger Grenzziehungen zwischen Jung und Alt hast du dich in einem interdisziplinären Projekt mit Alpakas intensiv befasst.

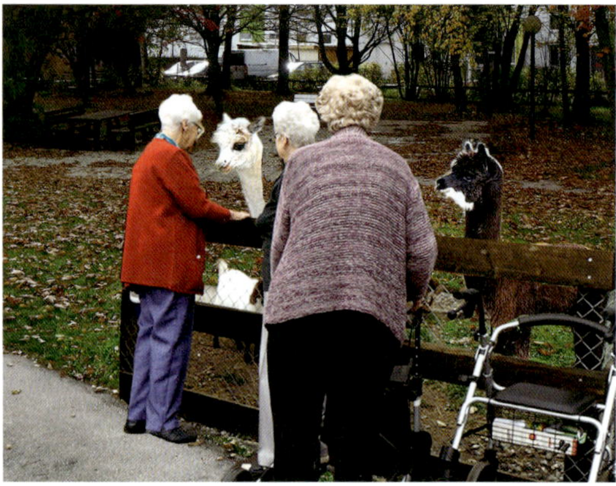

gesellig (sociable)

Site-specific artwork, nursing home Lambach/Austria, 2018

JH: Das Projekt *gesellig* habe ich im Rahmen eines geladenen Kunstwettbewerbs für ein Alten- und Pflegeheim in Oberösterreich konzipiert. Mir war im Vorfeld bereits klar, dass meine Idee den Vorstellungen der Jury diametral entgegenstehen könnte. Denn meistens bevorzugen solche Jurys eine einmalige Setzung – einzementiert und mit wenig bis gar keinem Wartungsaufwand.

UMP: Dennoch hast du dieses sowohl in der Konzeption als auch Recherche sehr aufwendige Projekt vorgeschlagen.

JH: Für mich war es das einzig Stimmige. Mir ging es darum, ein Projekt vorzuschlagen, das eine Erfahrung mit allen Sinnen zulässt und die BewohnerInnen in Bewegung bringt.

experience with all the senses and gets the residents moving.

UMP: Especially for aging people who often suffer from a lack of physical and social contacts, the positive psychological component activated by contact with animals has been scientifically proven.

JH: After extensive research and discussions with organizations in Switzerland and Germany that have already recognized the positive effects of keeping animals in retirement homes and nursing homes, I have been encouraged in my idea. I decided for alpacas because they are adaptable and robust animals, with a pronounced social behavior. The animals approach people and provide a feeling of security through closeness, warmth and touch, according to information from the Alpaca Association Austria.

UMP: Characteristics and qualities that spoke for an implementation of the project with the alpacas.

JH: What's more, they are very frugal. The feed costs for an alpaca are only 100 Euros per year. I had calculated the funding for three animals for a period of two years. Of course, this included the investment costs for the stable and enclosure. In the project proposal, I have also taken into account the continuation of the project. Ideally, *gesellig* (sociable) would be sustained by the neighborhood, volunteers, and the local agricultural school. The residents would have regular contact with the animals, which has been proven to counteract loneliness. The therapeutic effect of keeping animals is also demonstrated in dementia patients. In addition, children would come to the animals as well, to pet and watch them.

UMP: In your conception, the intergenerational, participatory aspect is elaborated in detail.

JH: It would create a meeting zone of different generations, which I see as a sustainable added value to the project. At the same time, it would be a pilot project in which different institutions in the area cooperate and network for a more livable life.

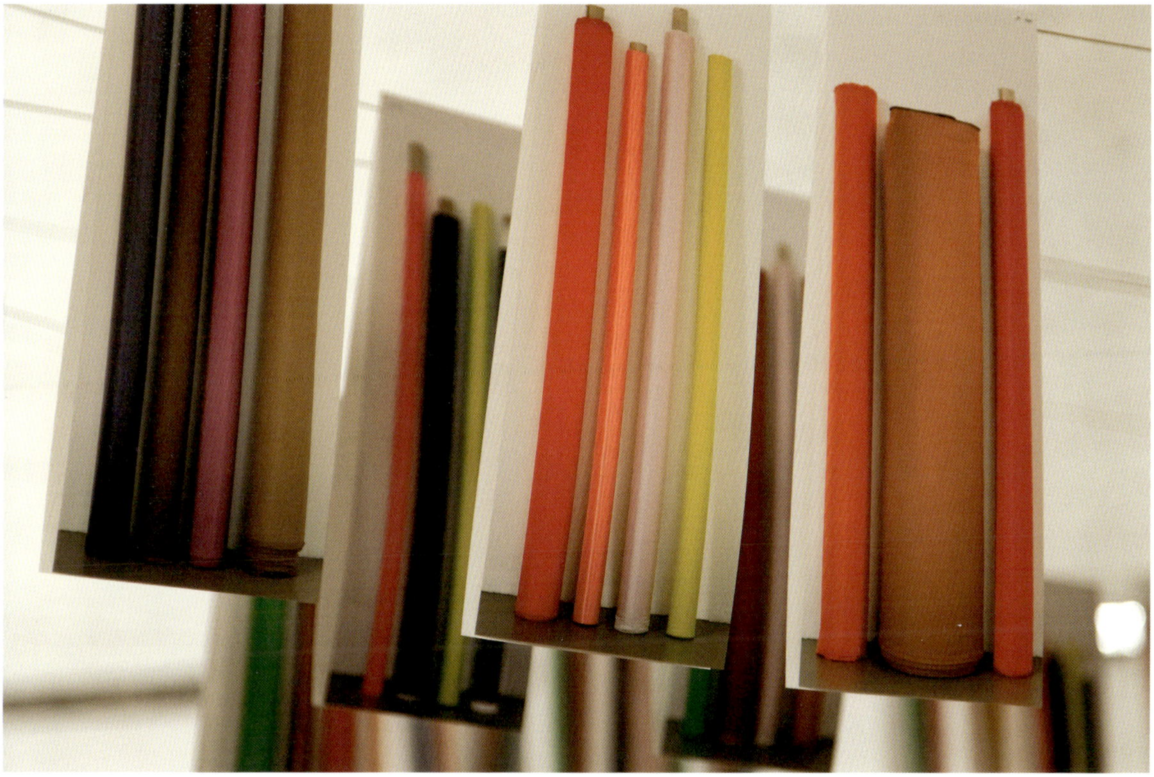

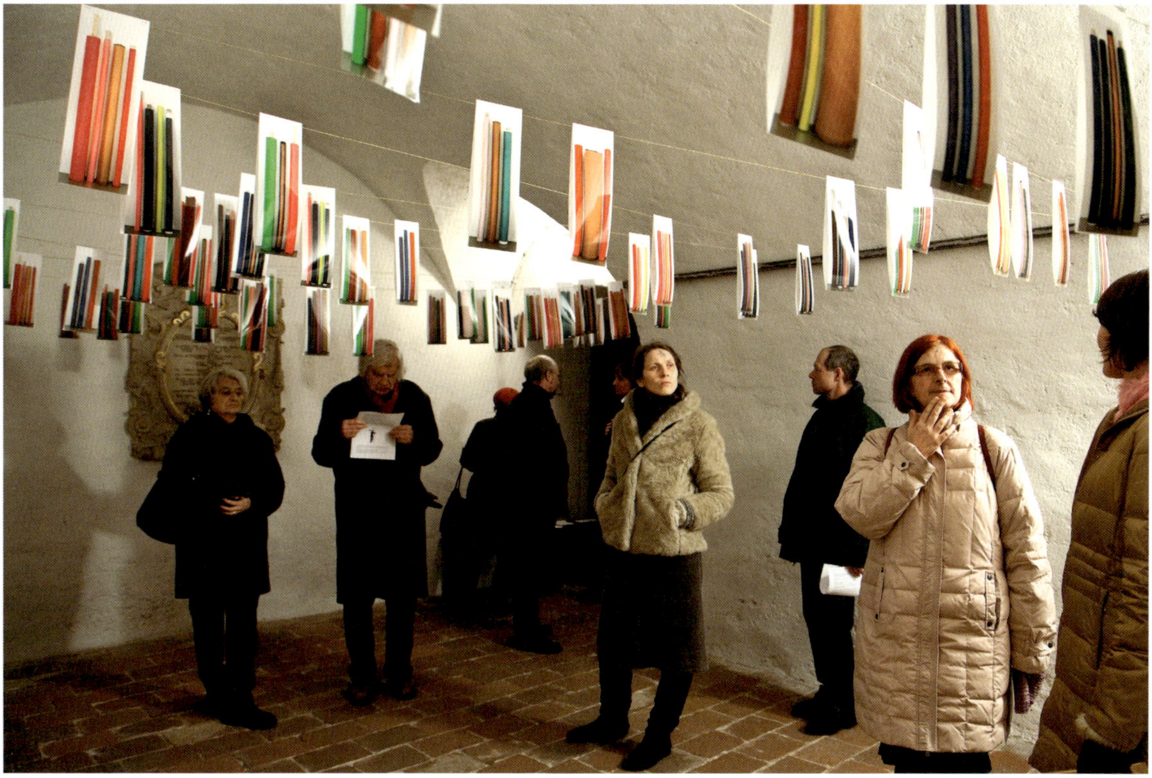

UMP: Besonders für alternde Menschen, die häufig unter einem Mangel an körperlichen und sozialen Kontakten leiden, ist die positive, psychologische Komponente, die durch den Kontakt mit Tieren aktiviert wird, wissenschaftlich nachgewiesen.

JH: Nach aufwendiger Recherche und Gesprächen mit Organisationen in der Schweiz und in Deutschland, die bereits die positiven Effekte der Tierhaltung in Alten- und Pflegeheimen erkannt haben, bin ich in meiner Idee bestärkt worden. Für Alpakas habe ich mich entschieden, weil das anpassungsfähige und robuste Tiere sind, mit einem ausgeprägten Sozialverhalten. Die Tiere gehen auf Menschen zu und vermitteln Geborgenheit durch Nähe, Wärme und Berührung, laut Informationen der Alpaca Association Austria.

UMP: Eigenschaften und Qualitäten, die für eine Realisierung des Projektes mit den Alpakas sprachen.

JH: Außerdem sind sie sehr genügsam. Die Futterkosten für ein Alpaka liegen bei nur 100 Euro jährlich. Ich hatte die Finanzierung für drei Tiere für die Dauer von zwei Jahren durchkalkuliert. Darin waren selbstverständlich auch die Investitionskosten für Stall und Gehege enthalten. Im Projektvorschlag habe ich ebenfalls die Fortführung des Projekts berücksichtigt. Im Idealfall wäre *gesellig* von der Nachbarschaft getragen worden, von Freiwilligen und der ortsansässigen Landwirtschaftsschule. Die BewohnerInnen hätten regelmäßig Kontakt zu den Tieren bekommen, was erwiesenermaßen der Vereinsamung entgegenwirkt. Auch bei Demenzkranken ist die therapeutische Wirkung von Tierhaltung nachgewiesen. Außerdem würden zu den Tieren auch Kinder kommen, zum Streicheln und Anschauen.

UMP: In deiner Konzeption ist der generationsübergreifende, partizipatorische Aspekt detailliert ausgearbeitet.

JH: Es würde eine Begegnungszone unterschiedlicher Generationen entstehen, was ich als nachhaltigen Mehrwert am Projekt sehe. Gleichzeitig wäre es ein Pilotprojekt, bei dem unterschiedliche Institutionen in der Umgebung kooperieren und sich vernetzen für ein lebenswerteres Leben.

UMP: Through this involvement of various groups and organizations there would be a further development of social plasticity.

JH: Of course, it is a clear extension of the current artistic language for art-in-architecture. But I understand such a task as a way to give input. My interest is to find the best possible form of implementation for the respective situation. In doing so, I want the freedom in my choice of materials, conceptual development and expression. And if I come to the conclusion that animals make this situation more livable, I have to work through this right up to the feasible project.

UMP: Juries or decision-makers often do not recognize the opportunities that such a project offers.

JH: An artistic idea is a stimulus, an offer. But it takes enthusiasm on the other side which starts it up—I miss that in the current social situation. We are heading for a Biedermeier situation, for a settling in, for narrow and small thinking. Complexity is supposedly often considered complicated by juries. If the elimination criteria prevent the opening up of possibility spaces, it is sobering for me.

UMP: You work in very situational manner. With your group of sculptures *momentaufnahme* (snapshot) at the Kepler University Hospital in Linz you made a clear statement for an active participation.

JH: The objects of *momentaufnahme* in Linz on the Neuromed Campus—formerly the Wagner-Jauregg State Psychiatric Hospital—are similar in appearance and mobility to punching balls. Aesthetically they work very well. Pink plastic balls are mounted on steel rods permanently anchored into the ground, which in turn are equipped with springs. When tension or pressure is exerted on the balls, the rods give way and oscillate rhythmically with a soft clicking sound when they are let go of.

UMP: Haptically that seems very inviting; unlike the still auratic, untouchable art objects in museums and art galleries, sporting activities are almost required.

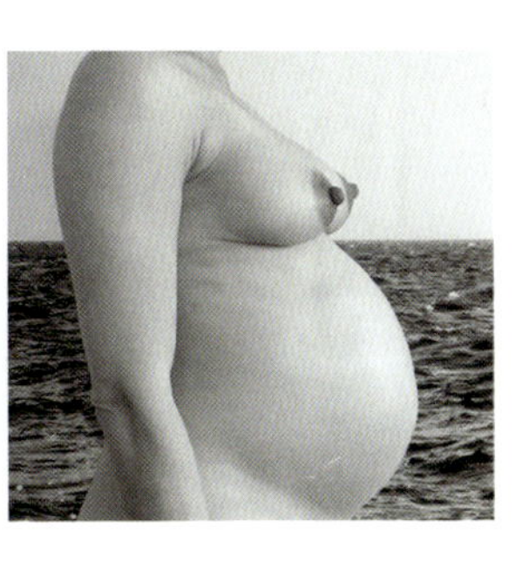
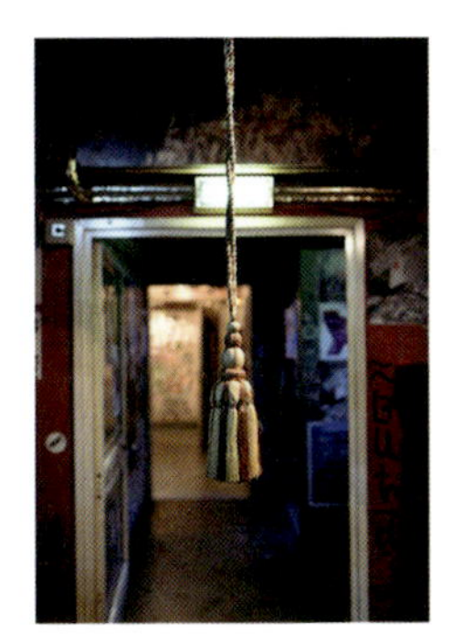
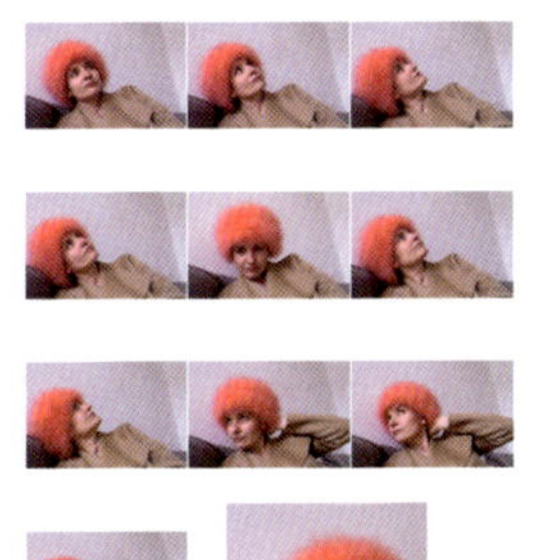
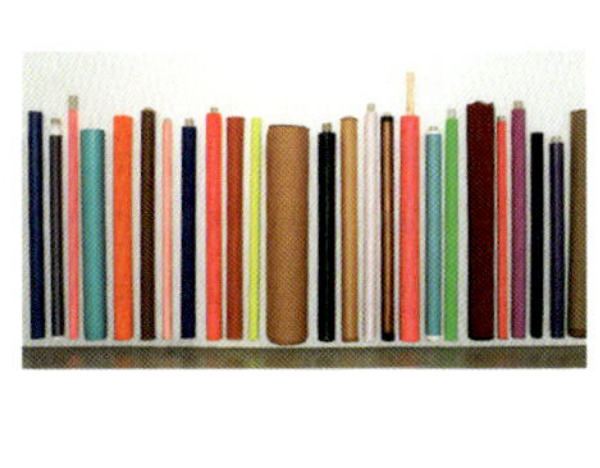
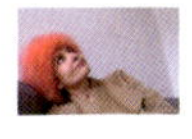
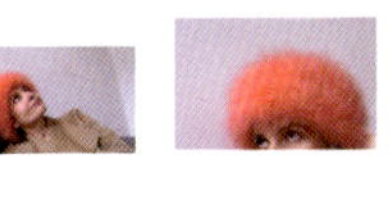

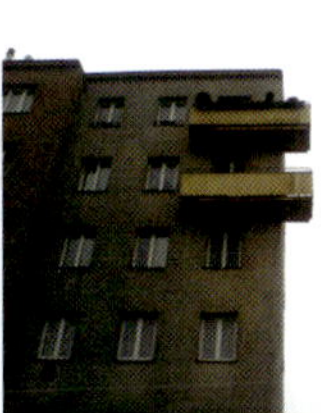

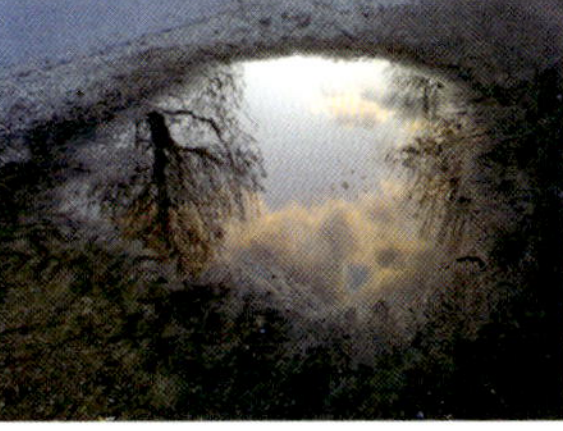
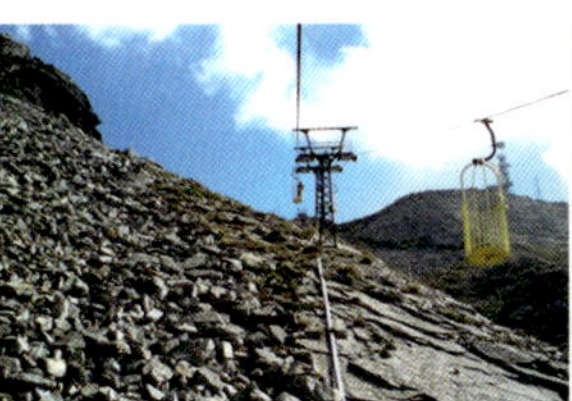
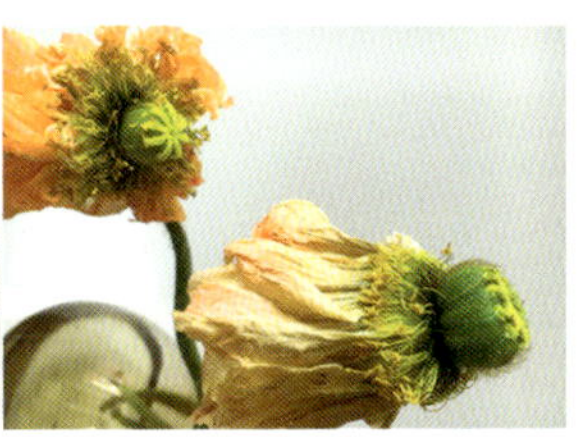

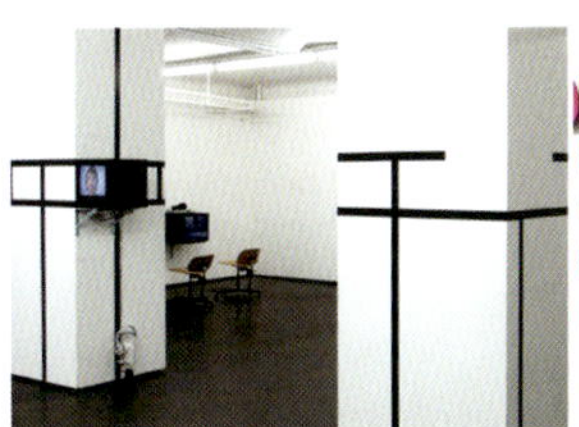
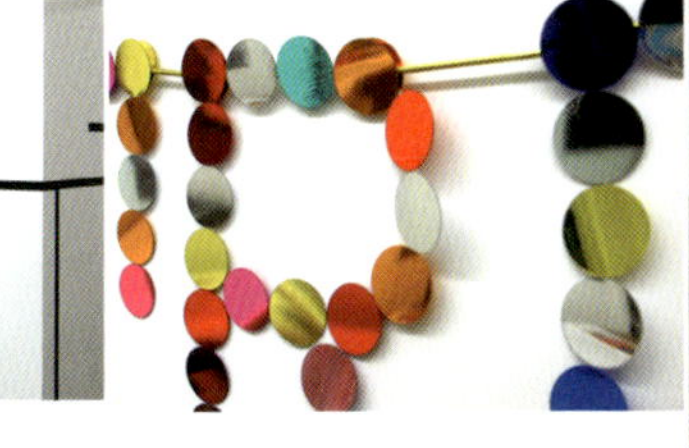
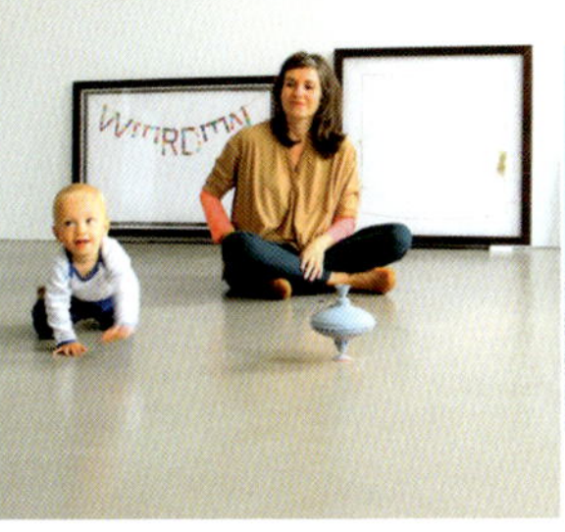
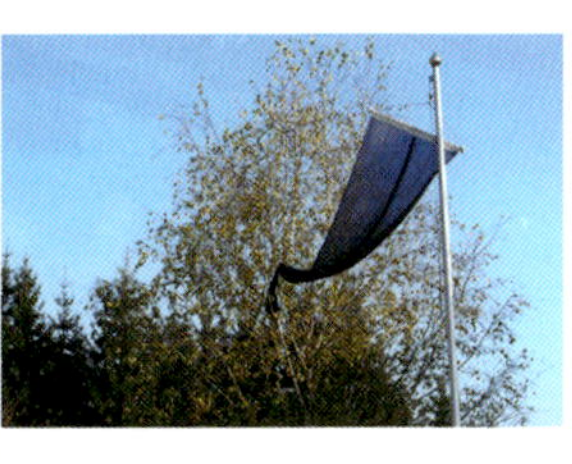

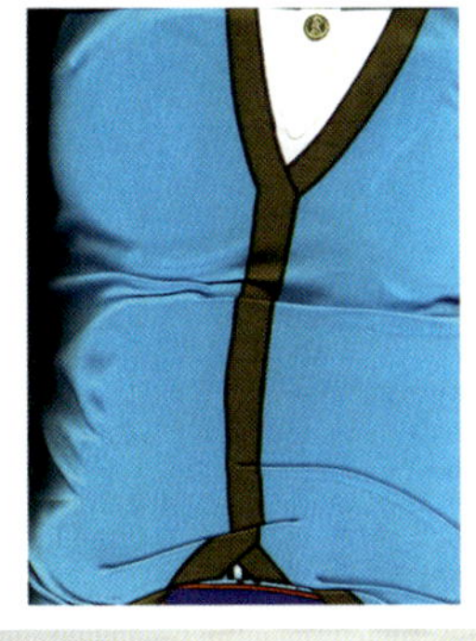
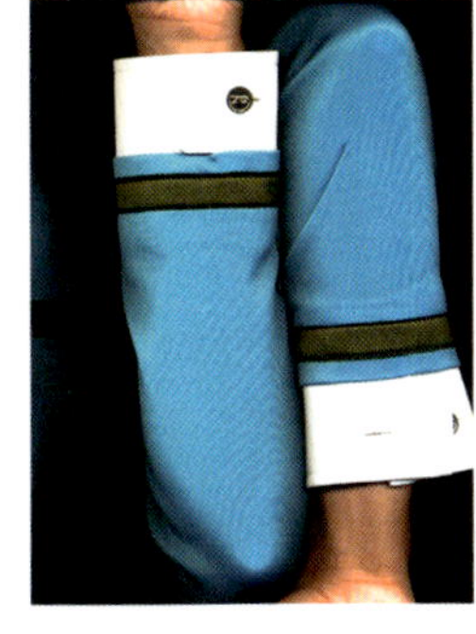
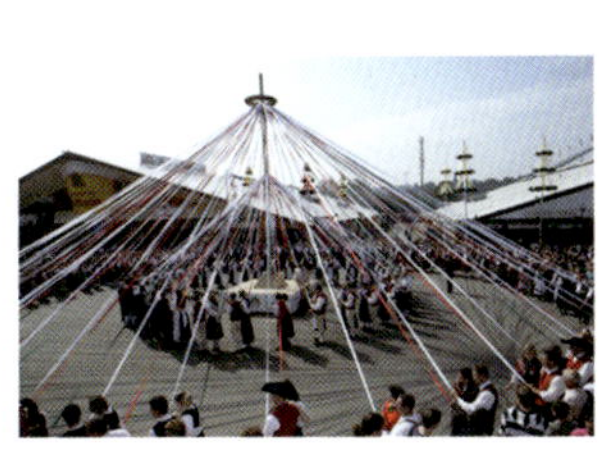
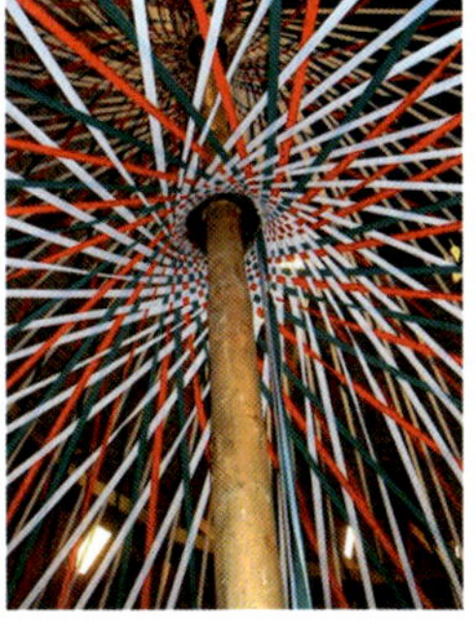

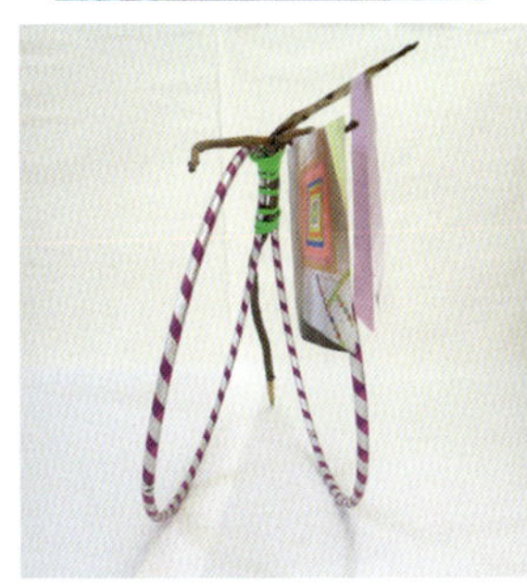
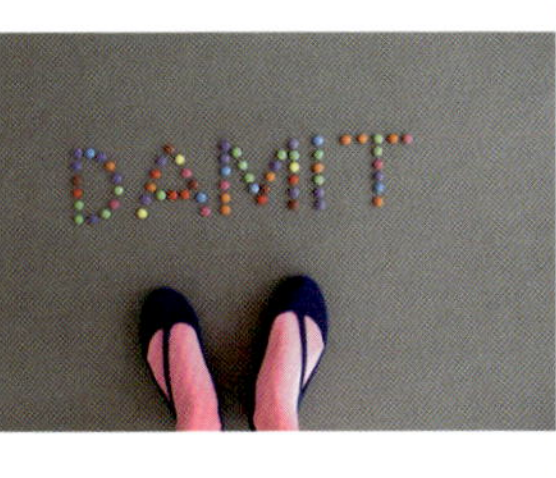
DAMIT
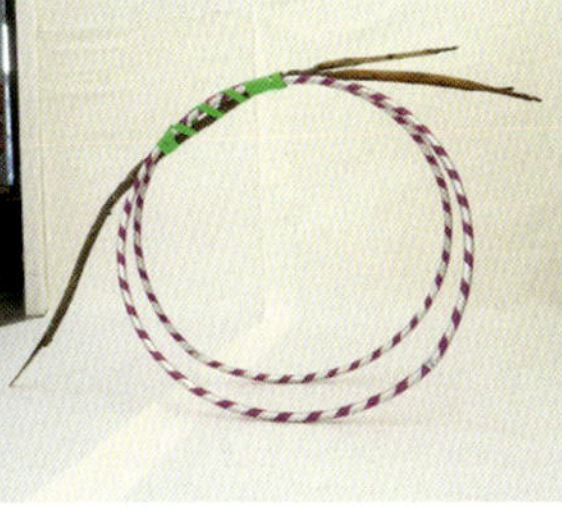
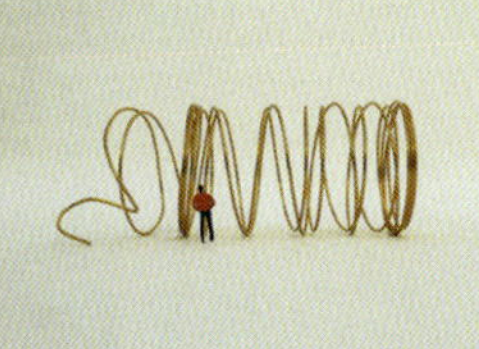

UMP: Durch diese Einbeziehung diverser Gruppierungen und Organisationen käme es zu einer Weiterentwicklung der sozialen Plastik.

JH: Klar ist es eine deutliche Erweiterung der künstlerischen Sprache im Kunst-am-Bau-Kontext. Doch ich verstehe so einen Auftrag auch als Möglichkeit, Input zu geben. Mein Interesse ist, für die jeweilige Situation die bestmögliche Umsetzungsform zu finden. Dabei will ich für mich die Freiheit in der Materialwahl, in der konzeptuellen Weiterentwicklung und im Ausdruck. Und wenn ich zur Erkenntnis komme, dass Tiere diese Situation lebenswerter machen, muss ich dies auch bis zum umsetzungsfähigen Projekt durcharbeiten.

UMP: Oft erkennen Jurys oder EntscheidungsträgerInnen nicht die Chancen, die ein solches Projekt bietet.

JH: Eine künstlerische Idee ist eine Anregung, ein Angebot. Doch es braucht die Begeisterung auf der anderen Seite, die darauf anspringt – die vermisse ich in der augenblicklichen gesellschaftlichen Situation. Wir steuern auf eine Biedermeier-Situation zu, auf ein sich Einnisten, ein eng und klein Denken zu. Komplexität wird bei Jurys vermutlich oft als kompliziert erachtet. Wenn die Ausscheidungskriterien das Öffnen von Möglichkeitsräumen verhindern, ist das für mich ernüchternd.

UMP: Du arbeitest sehr situationsbezogen. Mit deiner Skulpturengruppe *momentaufnahme* am Kepler Universitätsklinikum in Linz hast du ein klares Statement für eine aktive Teilhabe gesetzt.

JH: Die Objekte von *momentaufnahme* in Linz auf dem Neuromed Campus – vormals Landes-Nervenklinik Wagner-Jauregg – ähneln in Aussehen und Beweglichkeit Punchingbällen. Ästhetisch funktionieren sie sehr gut. Rosa Kunststoff-Kugeln sind auf fix im Boden montierte Stahlstangen angebracht, die ihrerseits mit Federn ausgestattet sind. Wird auf die Kugeln Zug oder Druck ausgeübt, so geben die Stangen nach und pendeln mit halblautem Klacken rhythmisch aus, wenn sie wieder losgelassen werden.

UMP: Das wirkt haptisch sehr einladend, anders als bei den nach wie vor auratischen, unberührbaren

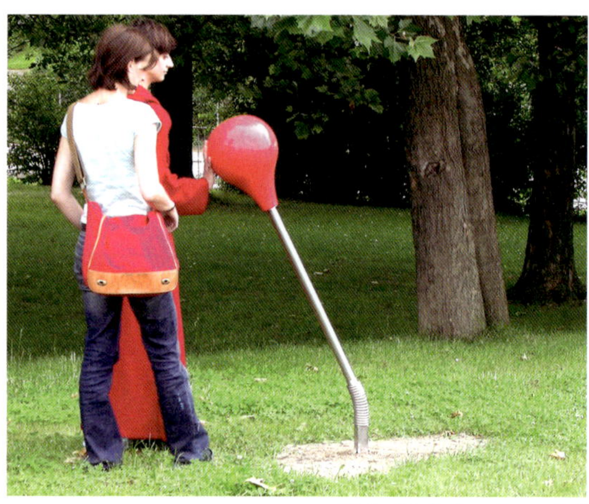

momentaufnahme (snapshot)

Permanent installation, weather-resistant plastic foam, non-corrosive steel rods with springs
6 objects of 160 x 30 x 30 cm
Neuromed Campus Linz, 2006

JH: The installation should be used, because *momentaufnahme* first unfolds its full potential in the interaction. The multi-part sculpture is designed as a communication station and calls for activity—whether through embracing, tapping or incidentally making it oscillate, while those giving the impulses move further mentally and physically.

UMP: In your projects you are not stuck in proven, promising structures. This distinguishes you from artists who serve the art business under the pretext of the quality criterion with the ever-same.

JH: My motivation is to get involved in situations again and again. That challenges me in thinking and designing; I like that, so I stay in motion.

UMP: How much do you, as an artist, see yourself confronted with conditions that could speak of the exploitation of creative capital?

JH: There are commissioned competitions that push the limits, which is reasonable for artists. An example: When extending an invitation for a situation where de facto nothing may be changed, the limit of reasonableness is reached. Nevertheless, strange as it may sound, I often let myself in for such absurdities. Developing something out of the

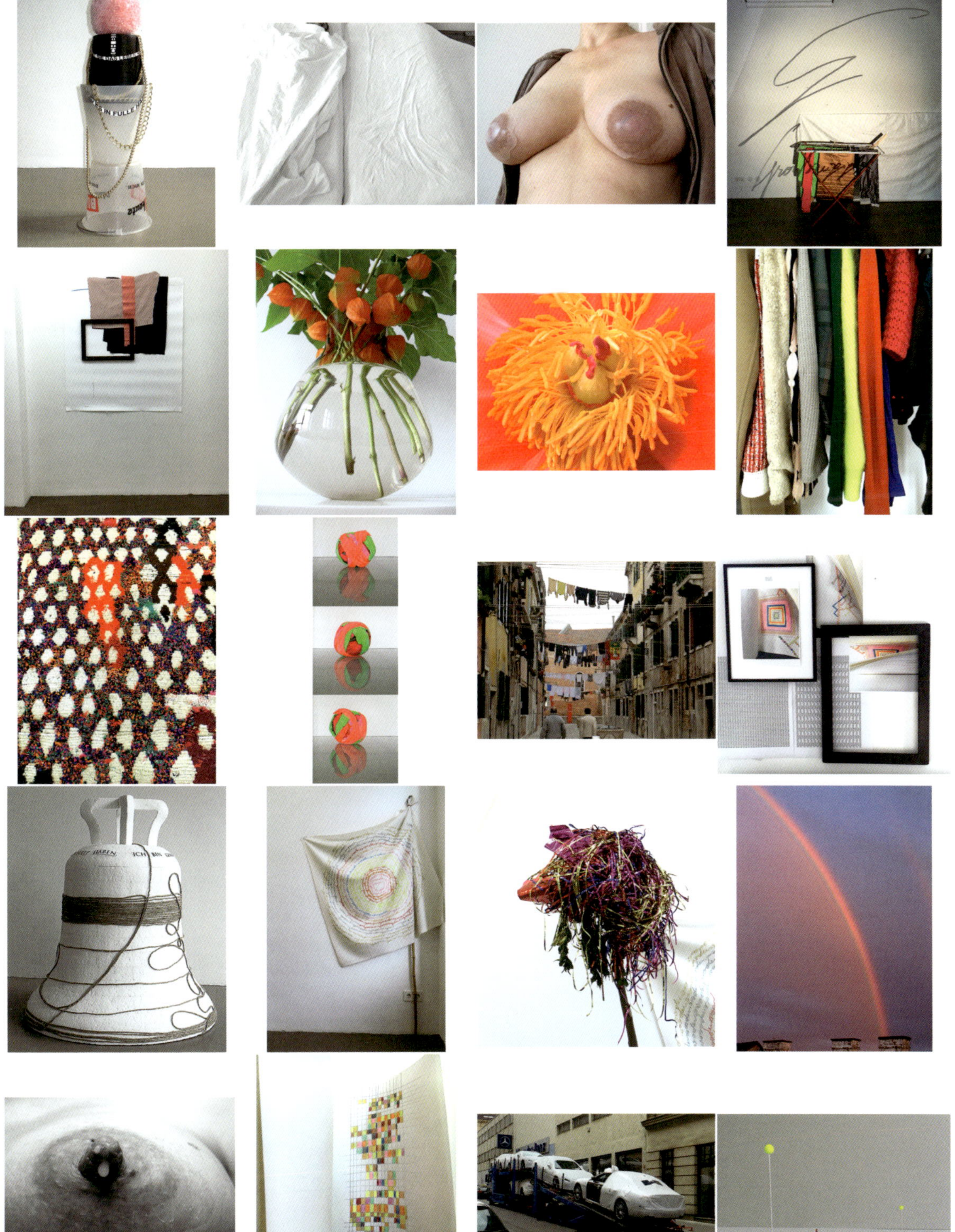

Kunstobjekten in Museen und Kunsthallen sind hier geradezu sportliche Aktivitäten gefordert.

JH: Die Installation soll benutzt werden, denn *momentaufnahme* entfaltet ihr volles Potenzial erst in der Interaktion. Die mehrteilige Skulptur ist als Kommunikationsstation konzipiert und fordert zur Aktivität auf – sei es durch Umarmung, Antippen oder beiläufiges Zum-Pendeln-Bringen, während sich die Impulsgebenden gedanklich und physisch weiterbewegen.

UMP: In deinen Projekten verharrst du nicht in erprobten, erfolgversprechenden Strukturen. Dadurch unterscheidest du dich von Kunstschaffenden, die den Kunstbetrieb unter dem Vorwand des Qualitätskriteriums mit dem Immergleichen bedienen.

JH: Mein Antrieb ist, mich immer wieder aufs Neue auf Situationen einzulassen. Das fordert mich im Denken und Gestalten, das taugt mir, so bleibe ich in Bewegung.

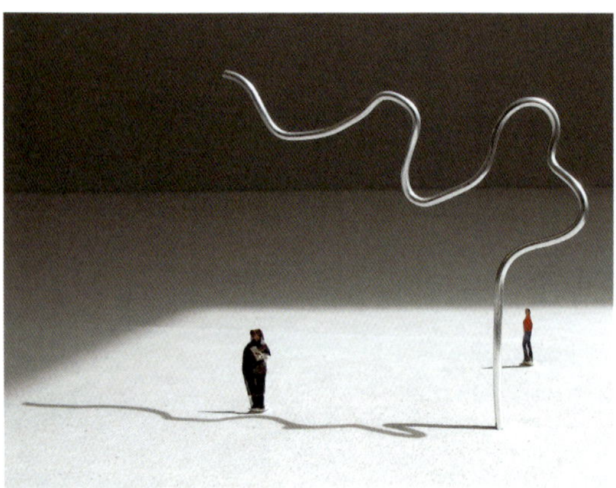

Atemzug (Breath of Air)

Polished steel, 600 x 600 x 20 cm
Site-specific public artwork, Graz/Austria, 2016

UMP: Wie sehr siehst du dich als Künstlerin mit Bedingungen konfrontiert, bei denen von Ausbeutung des kreativen Kapitals gesprochen werden könnte?

JH: Es gibt Wettbewerbseinladungen, die an die Grenzen gehen, was für Kunstschaffende zumutbar ist. Beispiel: Eine Einladung auszusprechen für eine Situation, wo de facto gar nichts verändert werden

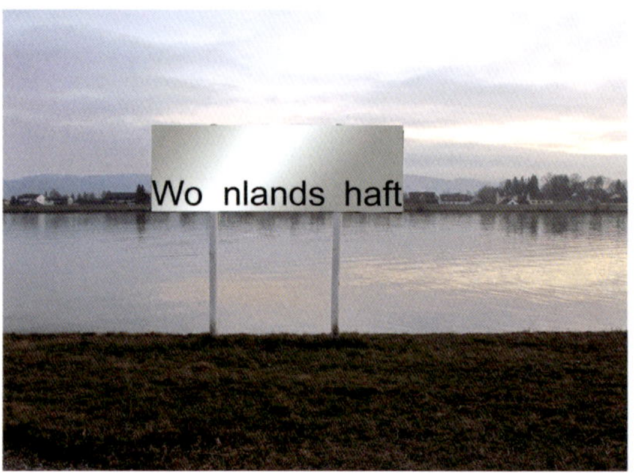

Wo nlands haft

Coated stainless steel, 260 x 300 x 6 cm
Site-specific public artwork, Lower Austria
at the River Danube, 2017

JH: The affixing of the lettering *Wo nlands haft* allows various associations in its fragmented literality (the letters h and c are missing from the German word "Wohnlandschaft," which means living environment or living landscape). Anyone who reads the lettering is sent, as it were, with her/his thoughts on a journey, finds herself/himself like the waves of the river in motion, wonders if anyone has scraped letters or symbols off there.

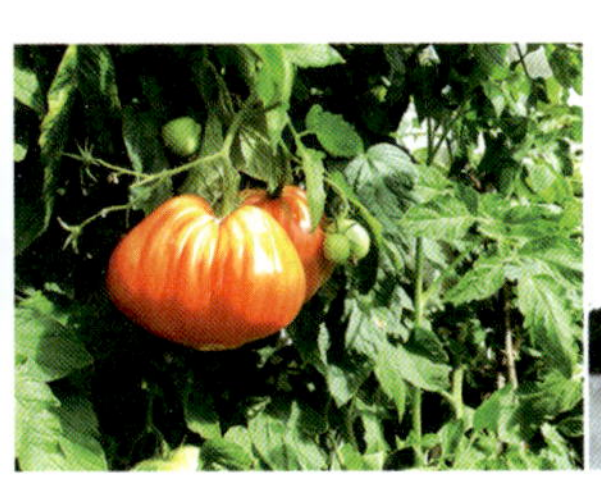
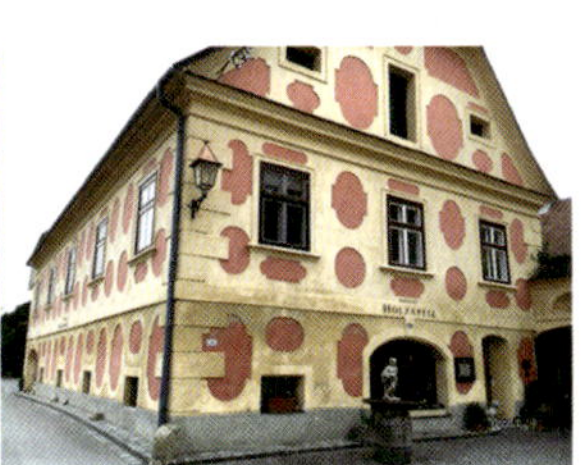
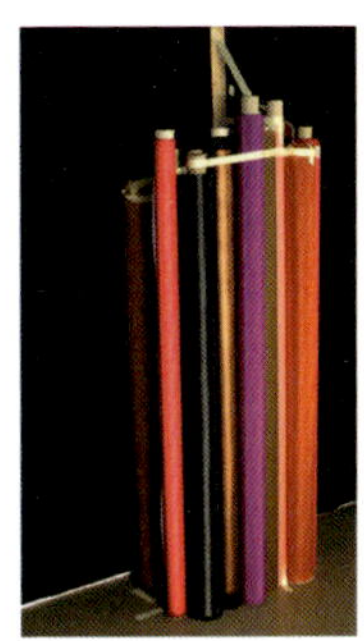
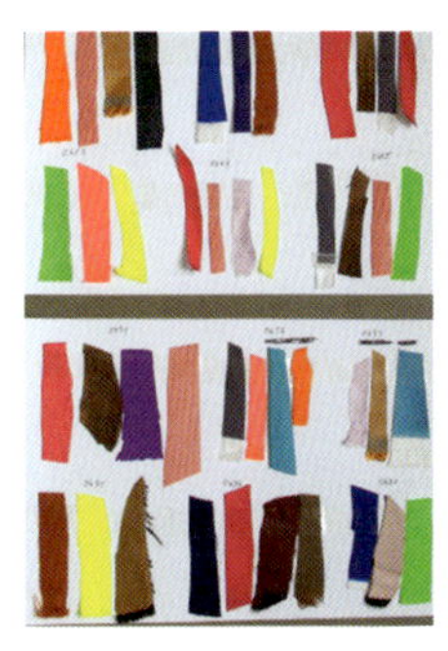
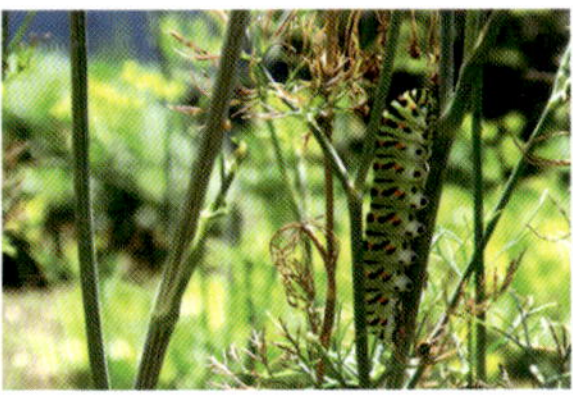
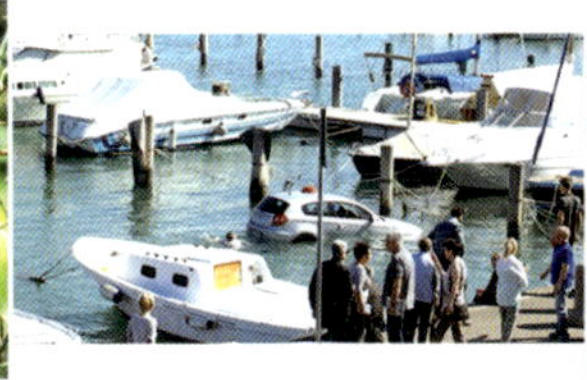
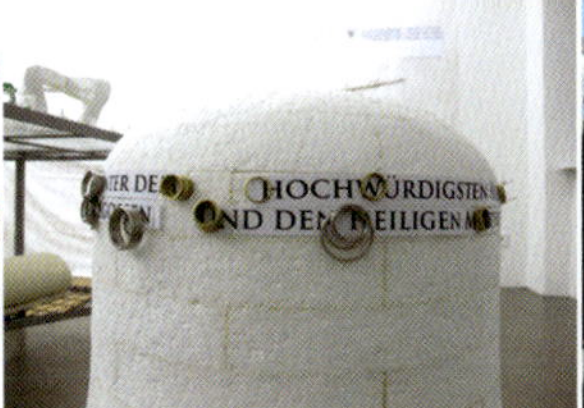
HOCHWÜRDIGSTEN
ND DER HEILIGEN
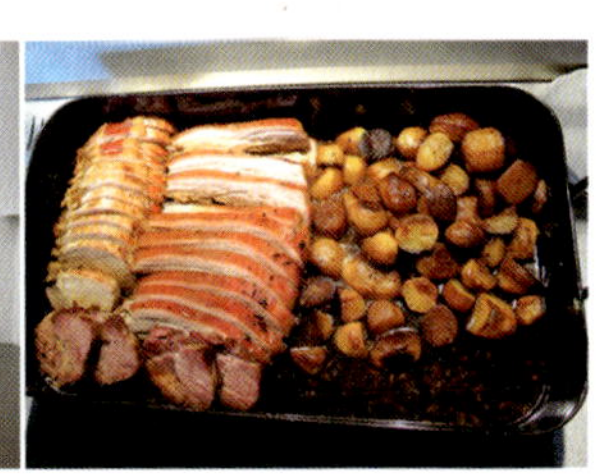
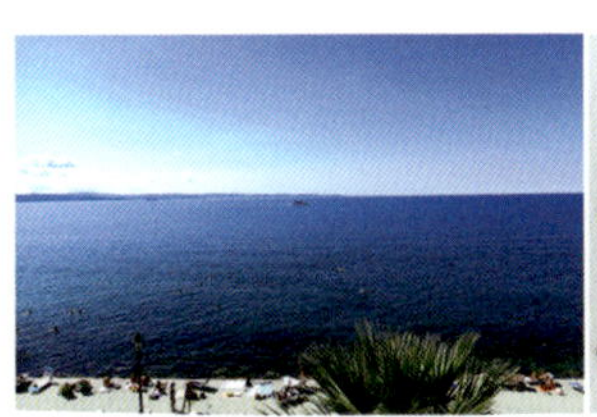
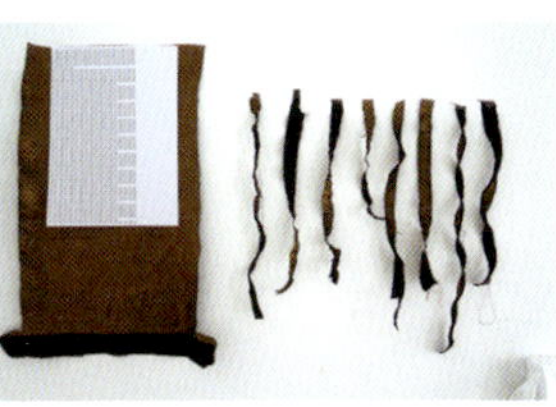
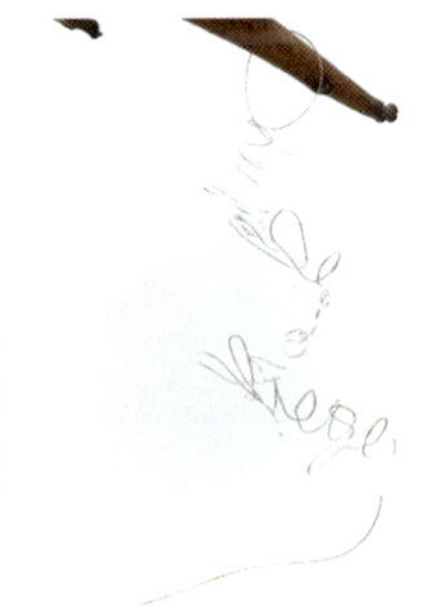
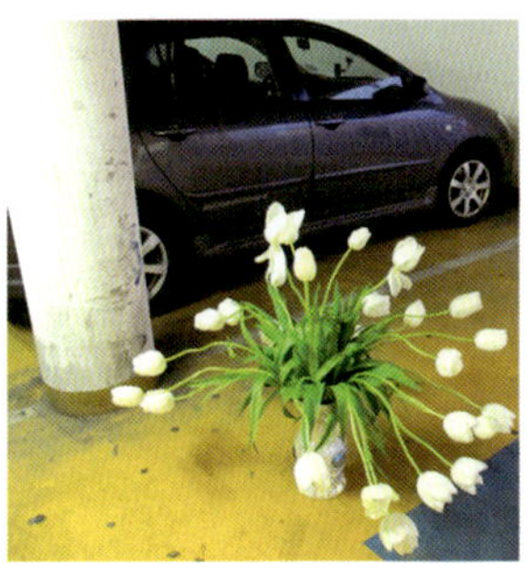
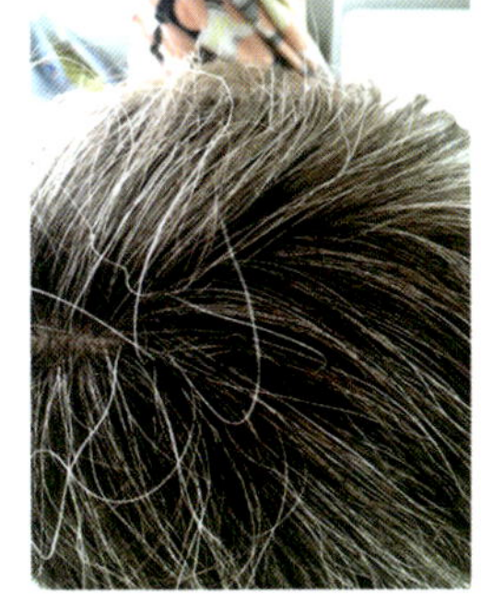
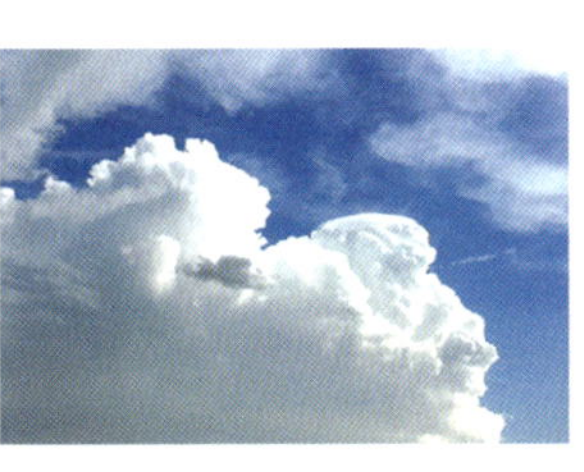
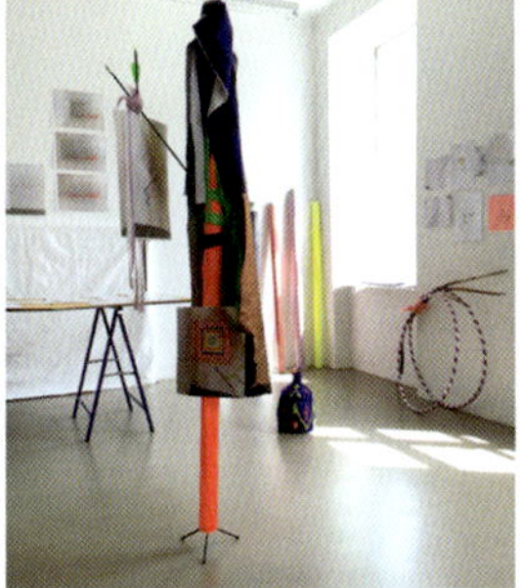
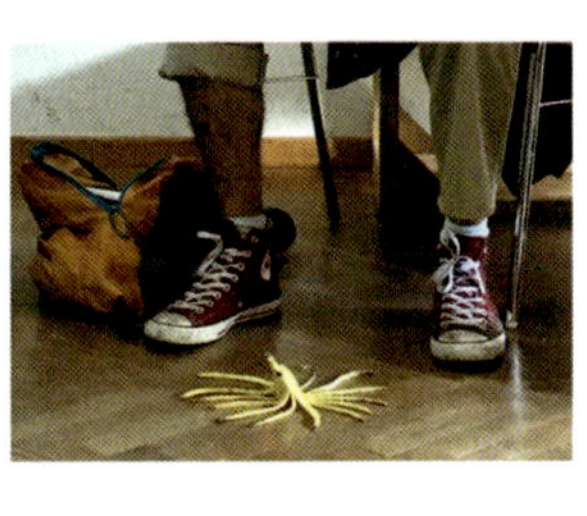
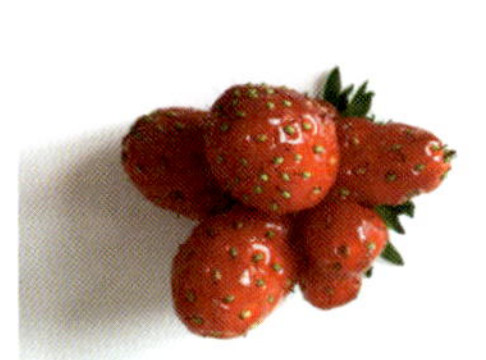
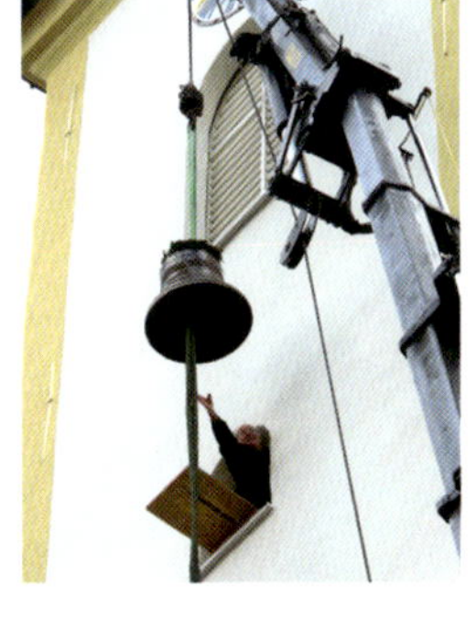
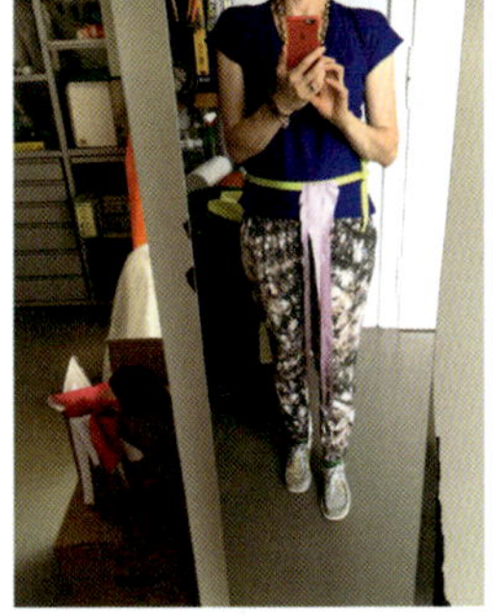
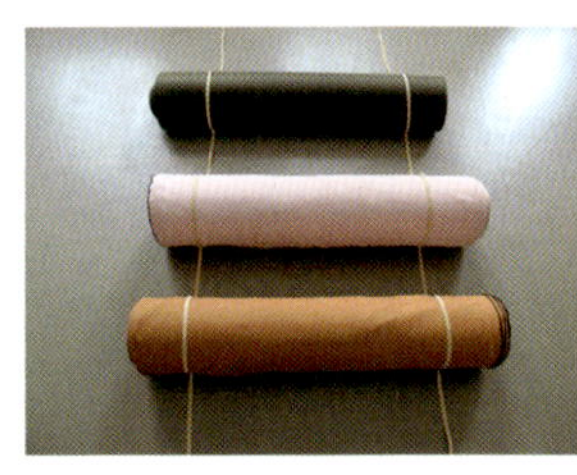

darf, da ist die Grenze der Zumutbarkeit erreicht. Dennoch, so seltsam es klingen mag, lasse ich mich öfter auf solche Absurditäten ein. Aus den Unmöglichkeiten und Neins etwas zu entwickeln, bedeutet für mich durchaus eine Herausforderung, der ich mich stellen mag.

UMP: Was passiert dabei im künstlerischen Prozess?

JH: Im eben erwähnten Beispiel steht am Donauufer für den Schiffsverkehr ein 3 x 1 Meter großes Schild mit der Aufschrift „Havarieabsetzplatz Wassertiefe 1,50 – 2,30". Genau für diesen Bereich waren wir KünstlerInnen eingeladen, eine permanente künstlerische Setzung zu entwickeln. Meine Idee war, dem bestehenden Schild, das auf den Fluss und die Schiffe ausgerichtet ist, eine adäquate zweite Seite zu geben. Denn die Rückseite ist leer.

UMP: Du hast also ein bereits vorgefundenes Schild benützt und kommst damit ohne bauseitigen Eingriff aus, der ohnedies nur bedingt möglich war. Und dennoch würde das die aktuelle Situation verändern.

JH: Die Anbringung des Schriftzugs *Wo nlands haft* lässt in seiner fragmentierten Wörtlichkeit verschiedene Assoziationen zu. Wer den Schriftzug liest, wird mit seinen/ihren Gedanken auf die Reise geschickt, befindet sich wie die Wellen des Flusses in Bewegung, fragt sich eventuell, ob da jemand Buchstaben oder Zeichen heruntergekratzt hat.

UMP: Schrifttype, Größe, Farbe sind identisch mit dem bereits bestehenden Schild.

JH: Zugleich sind auf der anderen Uferseite Häuser zu sehen, unterschiedliche Wohnlandschaften. Insofern kann der Schriftzug *Wo nlands haft* als Symbol familiärer Behaglichkeit interpretiert werden, wie auch der Gedanke an Haft durch die fragmentierte, lautmalerische Setzung des Schriftzuges legitim ist.

UMP: Auch dieses Projekt ist sehr ausgeklügelt durchdacht. Wie gestaltet sich deine Beziehung zum gegenwärtigen Kunstdiskurs?

JH: Im Gegenwartsdiskurs vermisse ich die Eigensinnigkeit. Vieles ähnelt sich, wie in den politischen Gruppierungen.

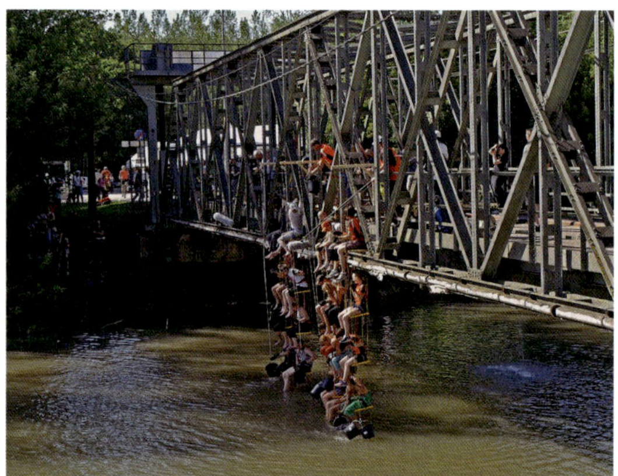

Niagara Melk

By Team Olymp (Nikolaus Eckhard, Lisa Jäger and Julia Riederer) Melk/Austria, 2017

JH: That's an atmospheric picture of our time. It's about self-affirmation within the group. Mutually, one permanently assures oneself of one's own meaning, so it becomes easy to exclude others. A self-referential system using copy and paste, which makes it boring and backward. A variety of

page 201
Kontaktsheets

page 203
Kontaktsheets

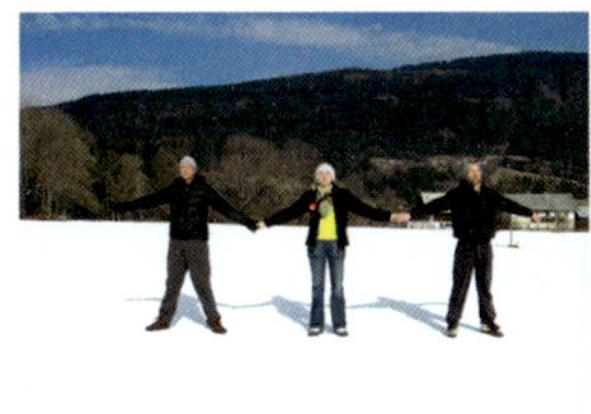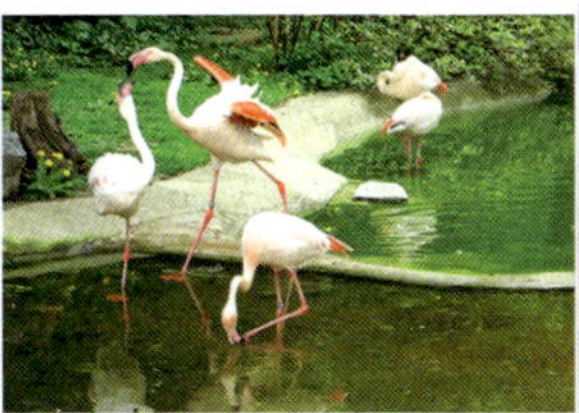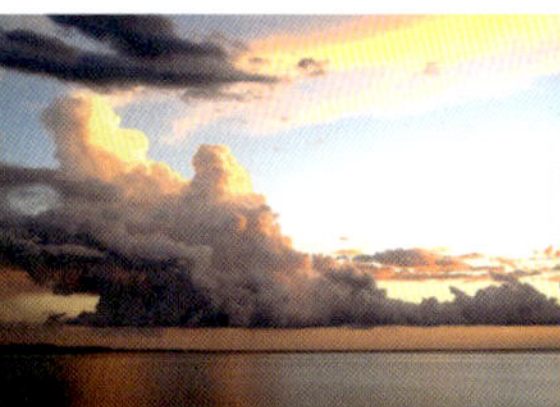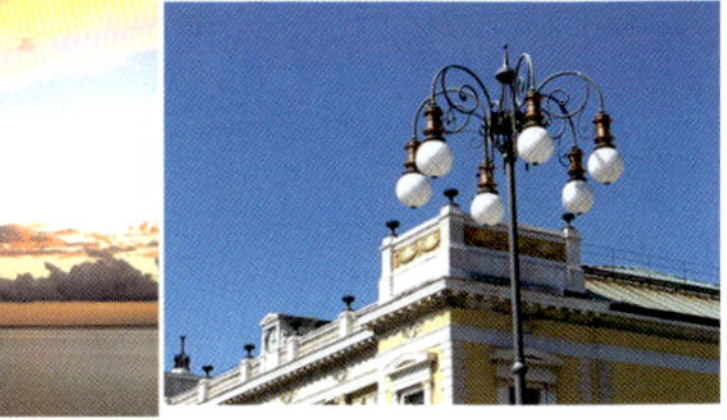

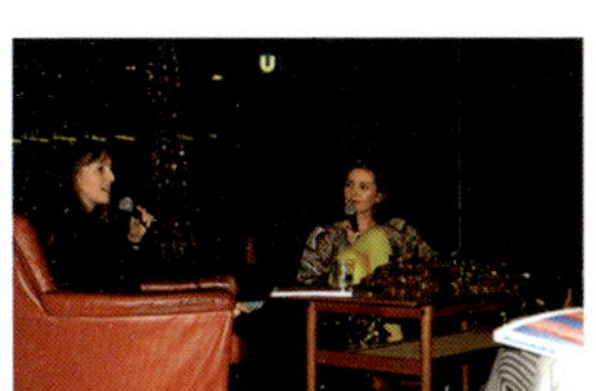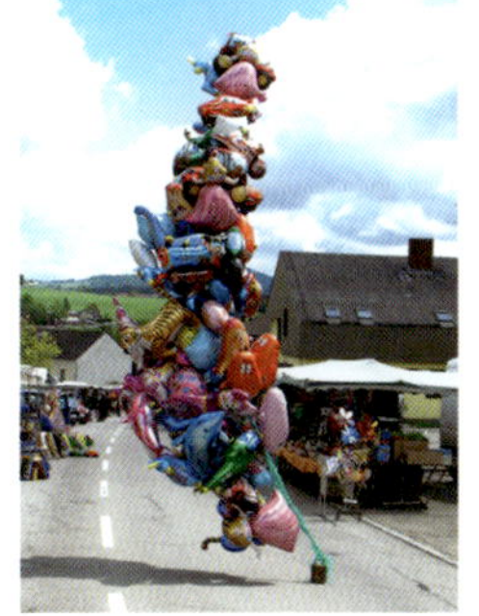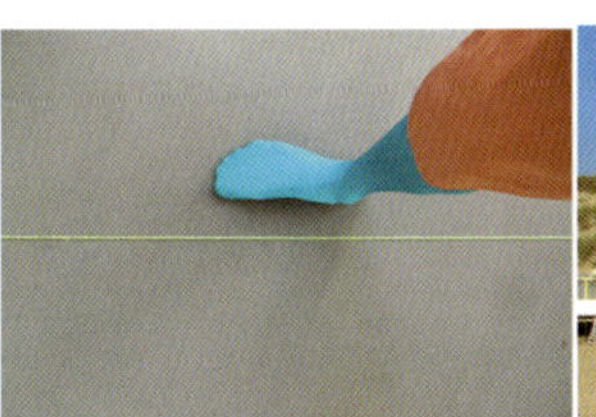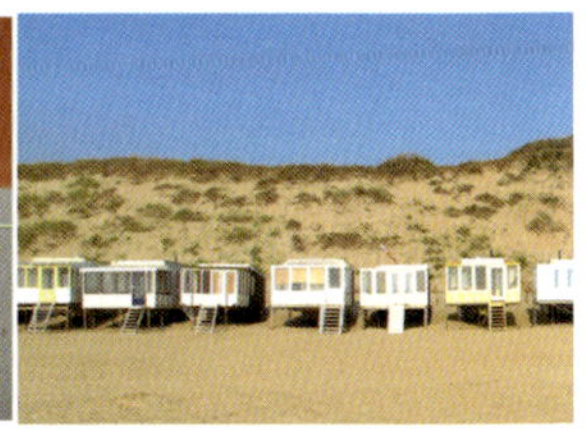

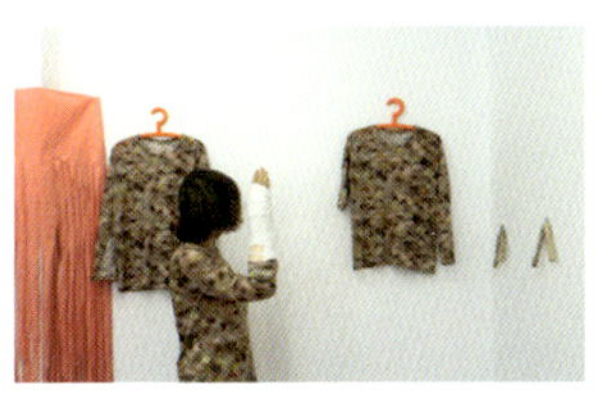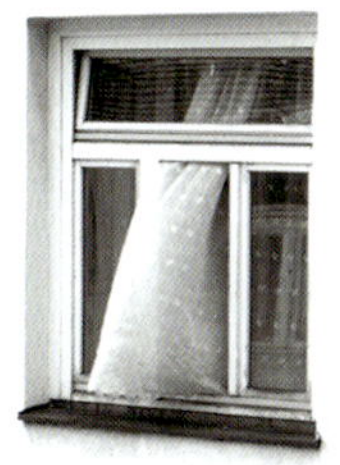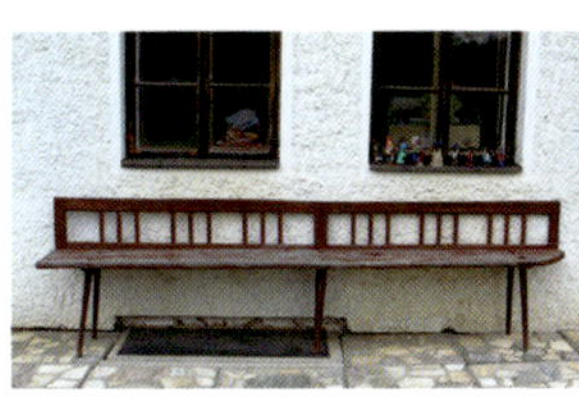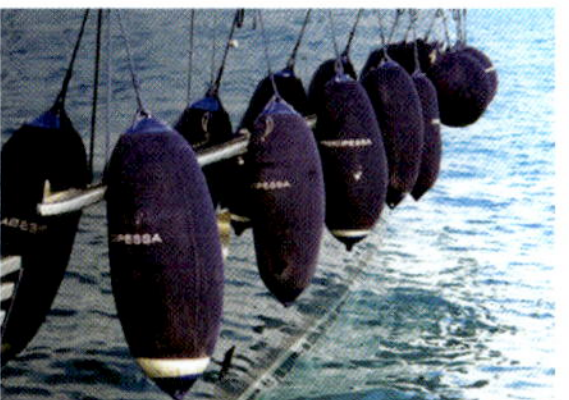

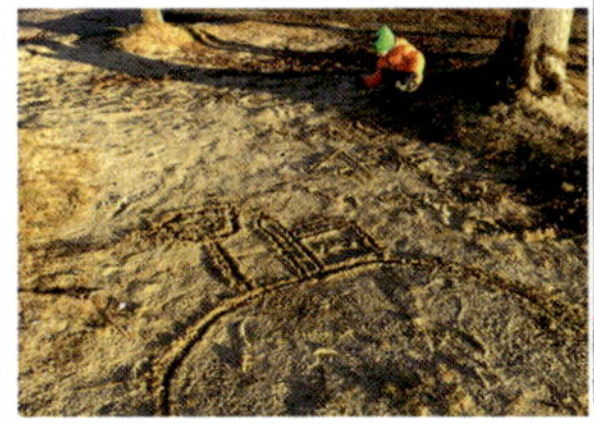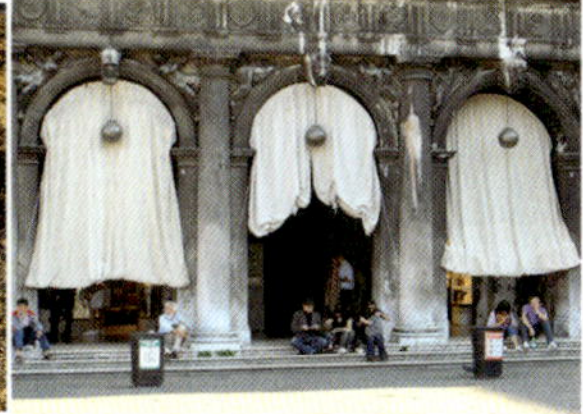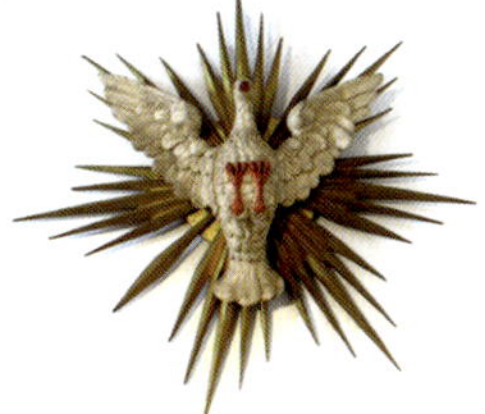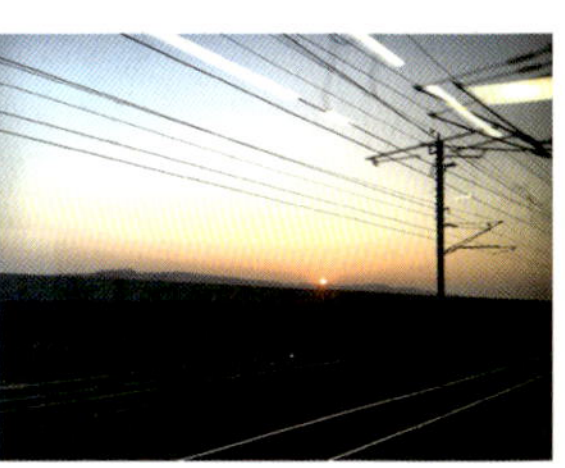

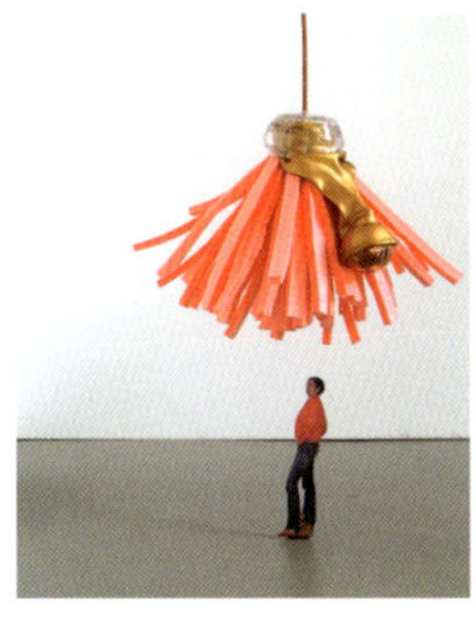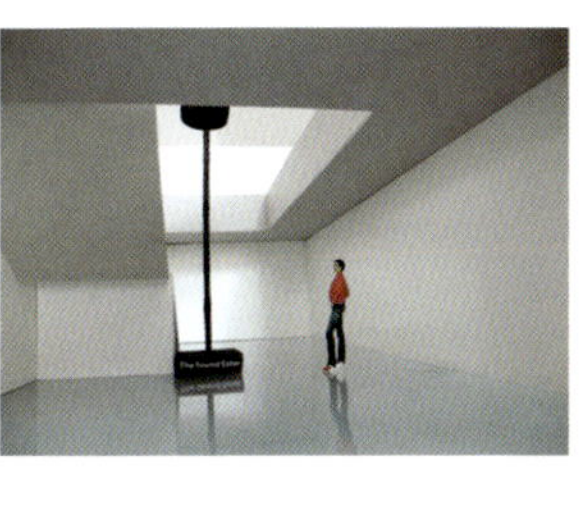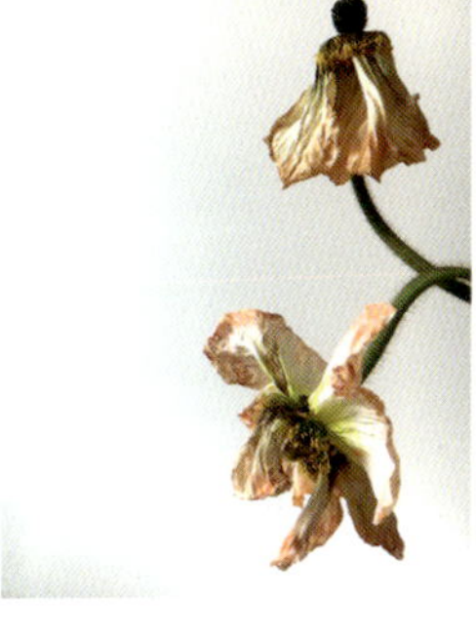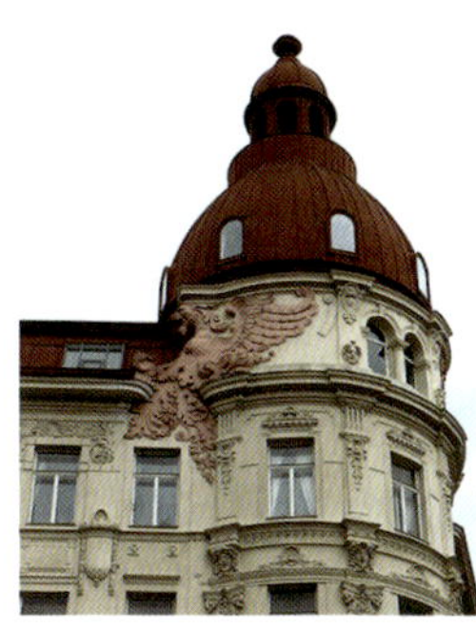

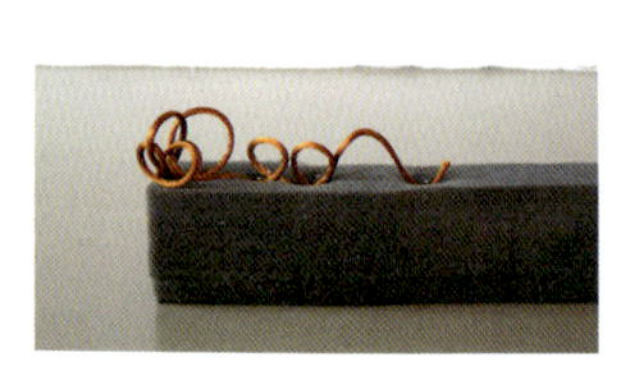
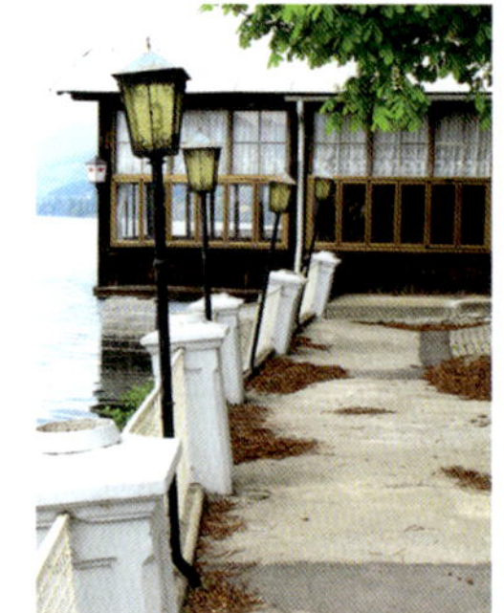
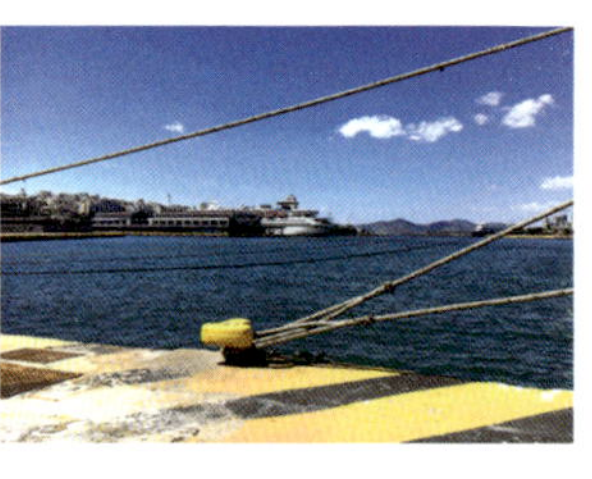
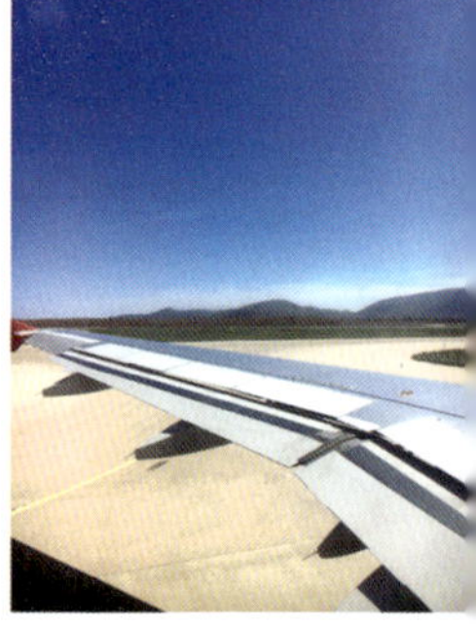
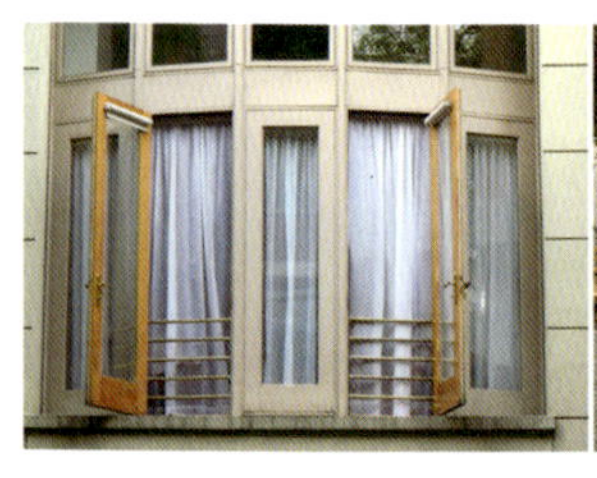
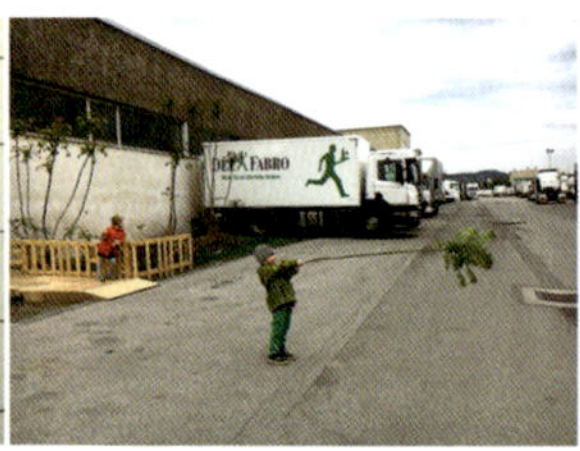
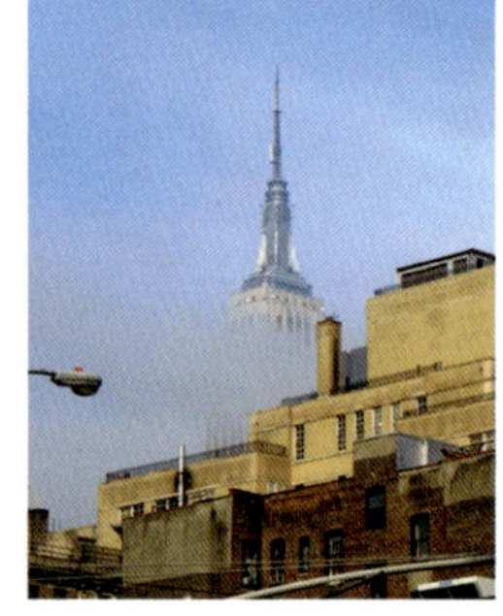
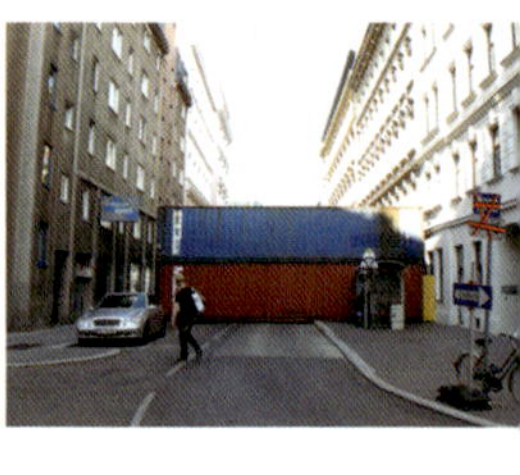
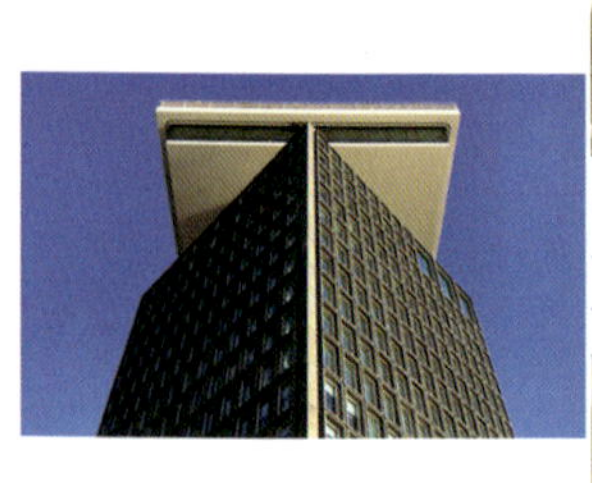
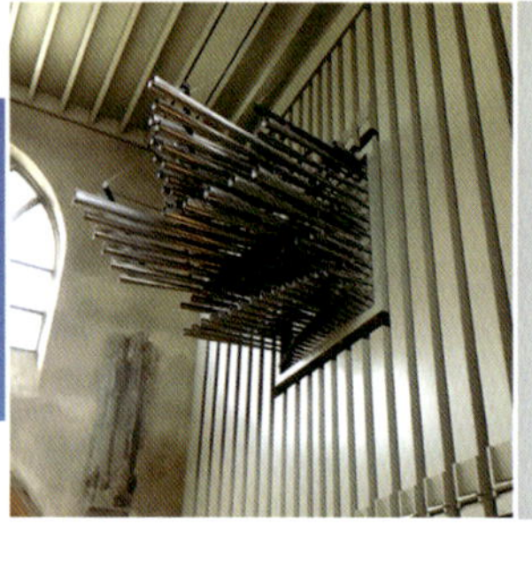
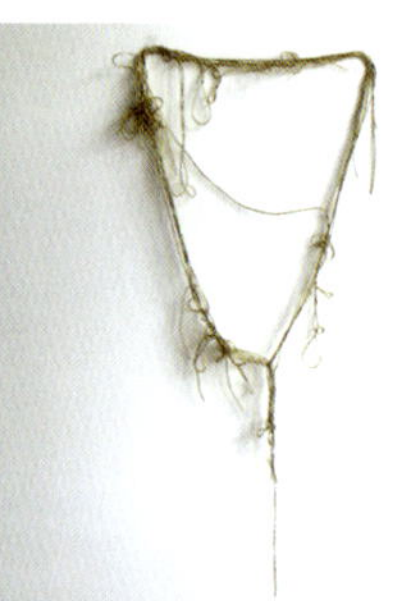
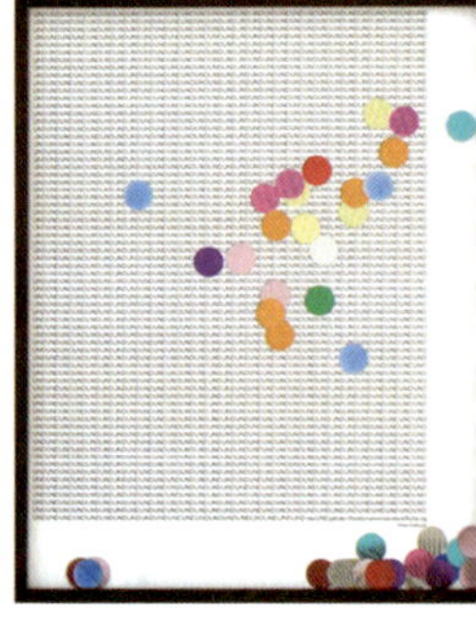
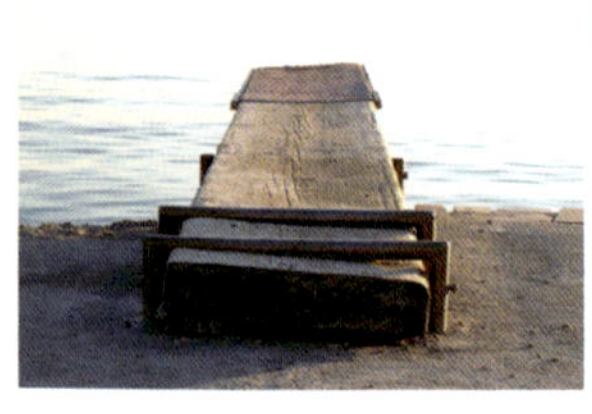
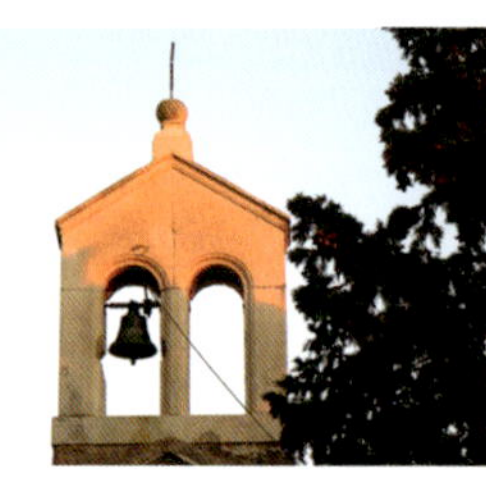
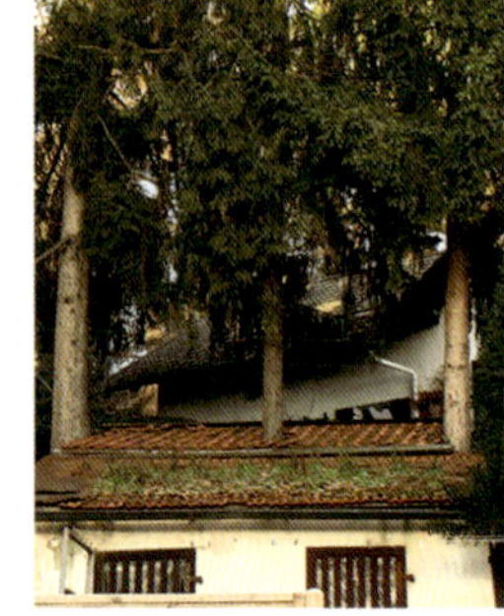
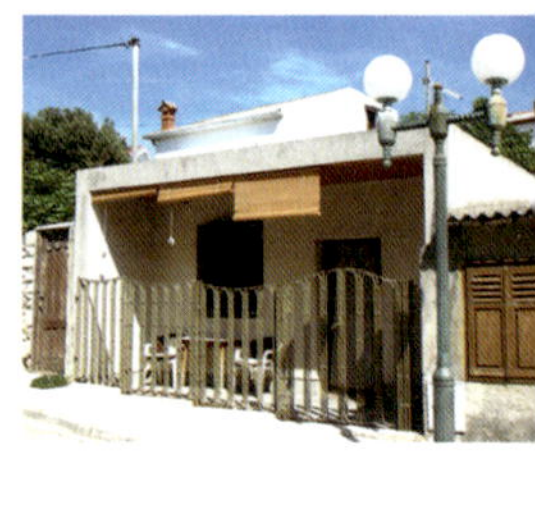
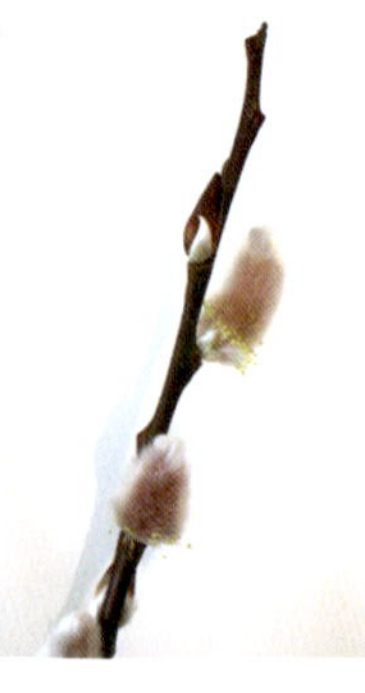
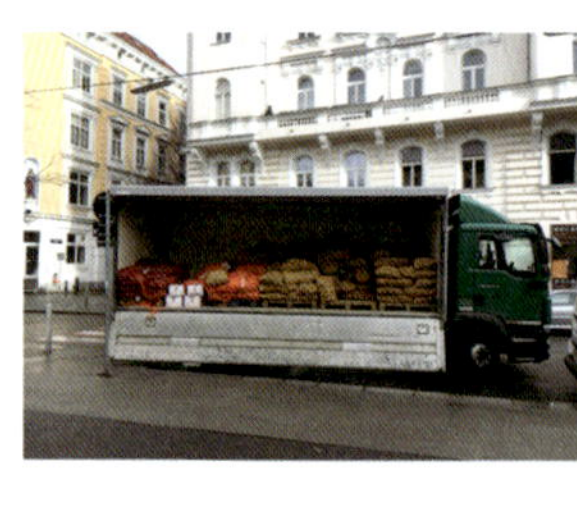
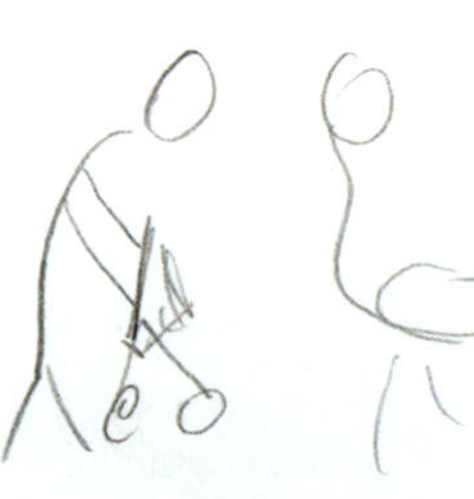
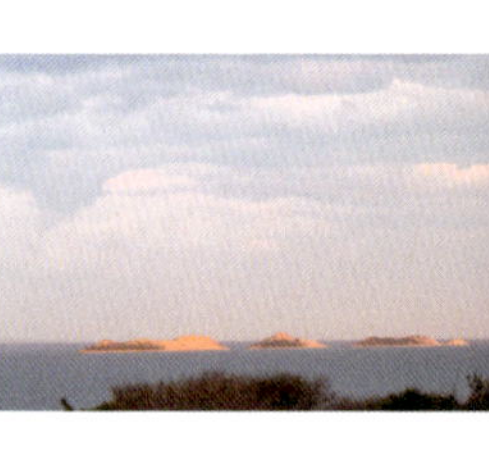

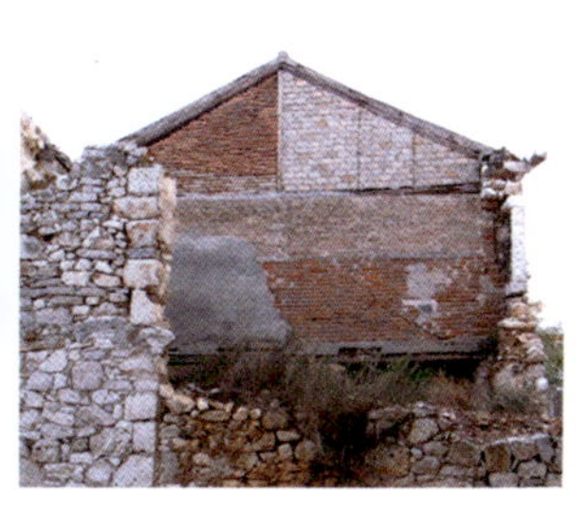
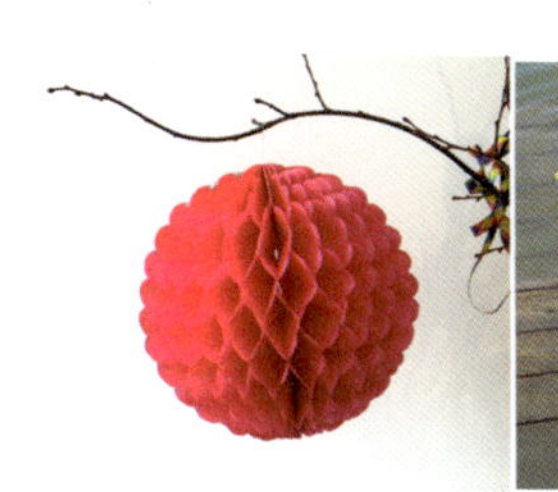
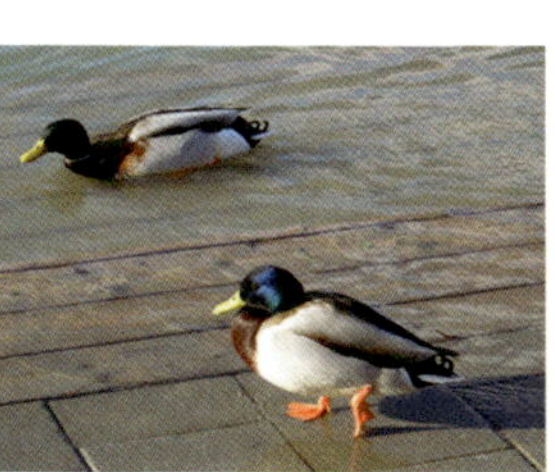
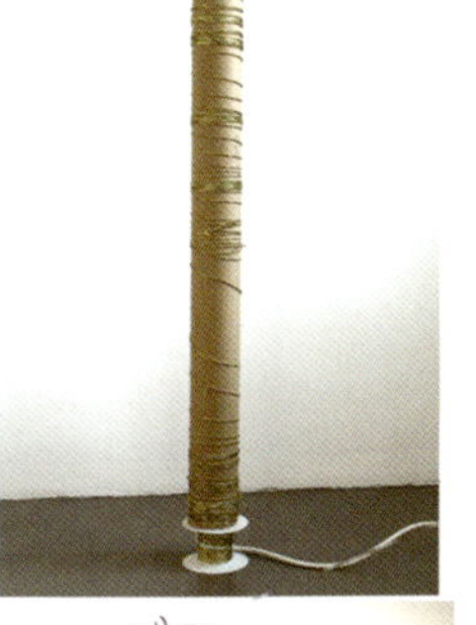
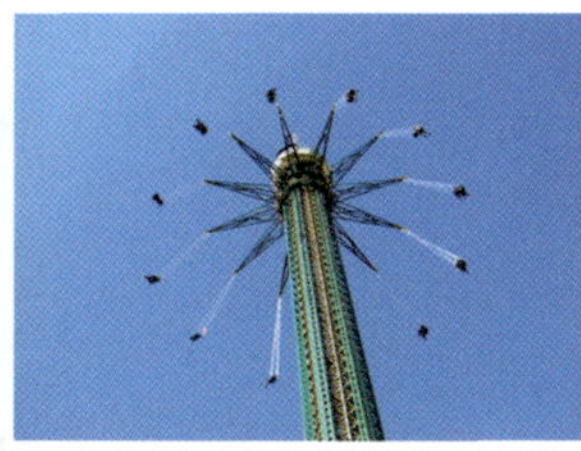
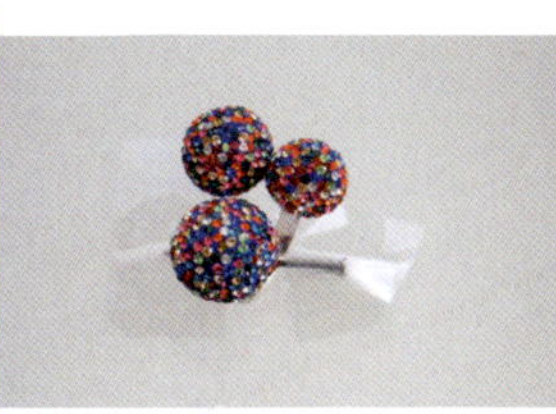
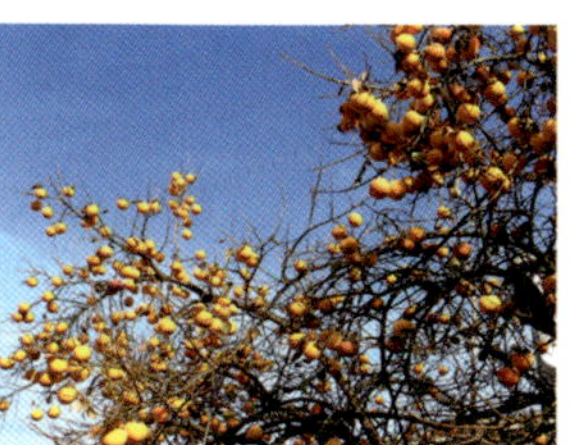
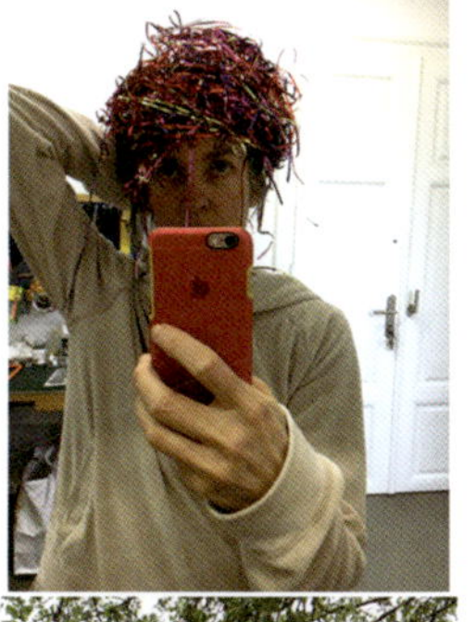
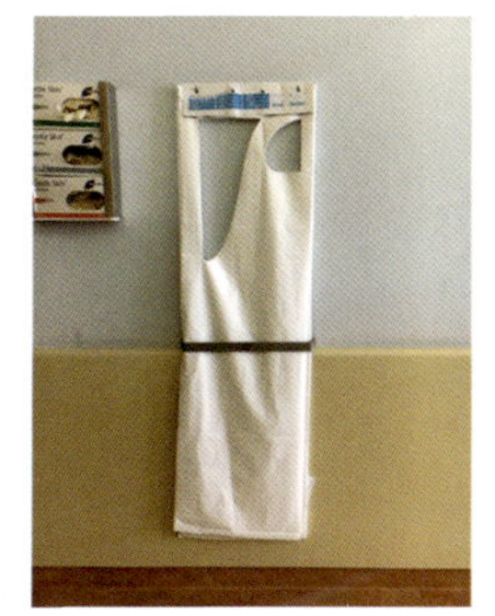
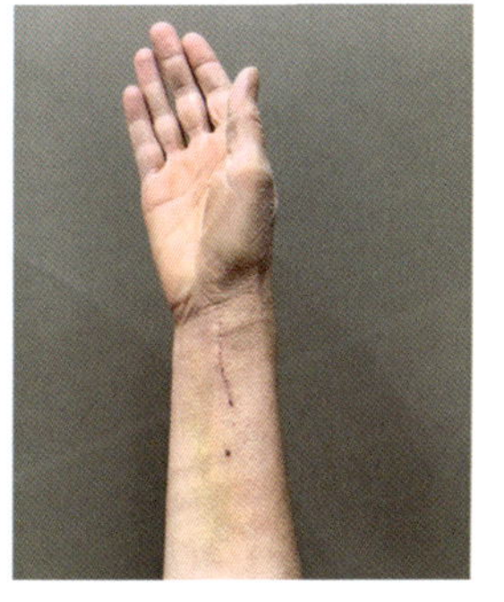
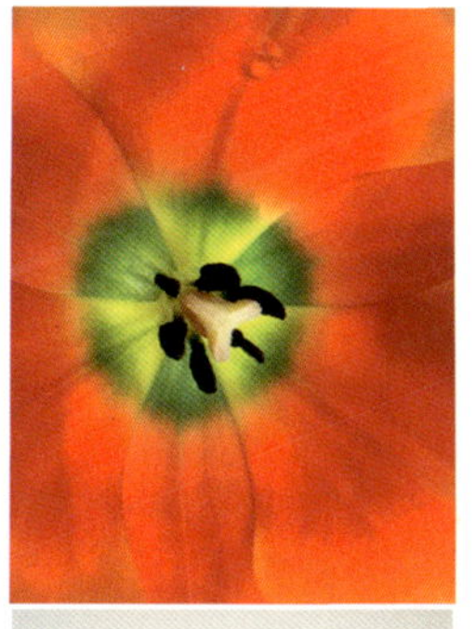
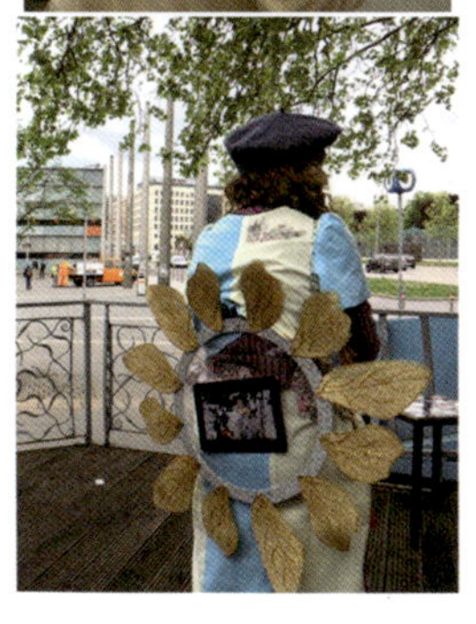
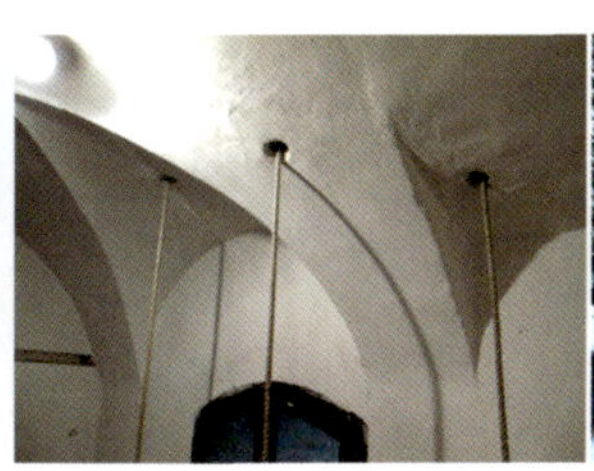
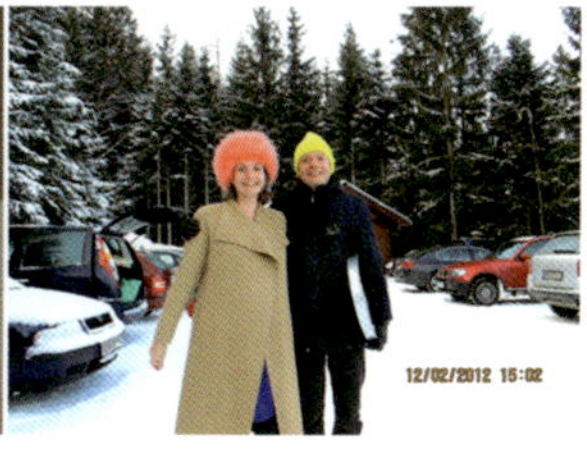
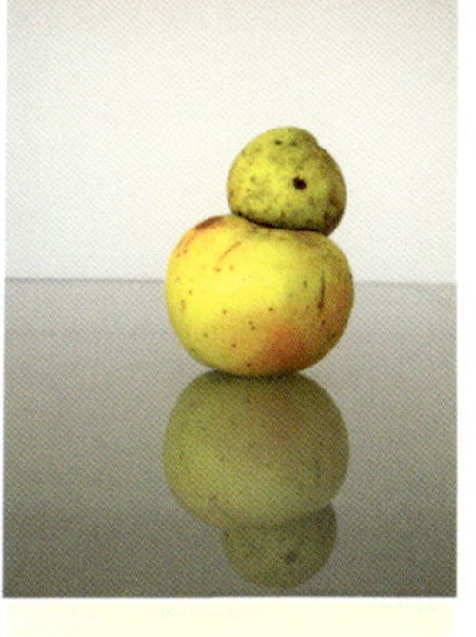
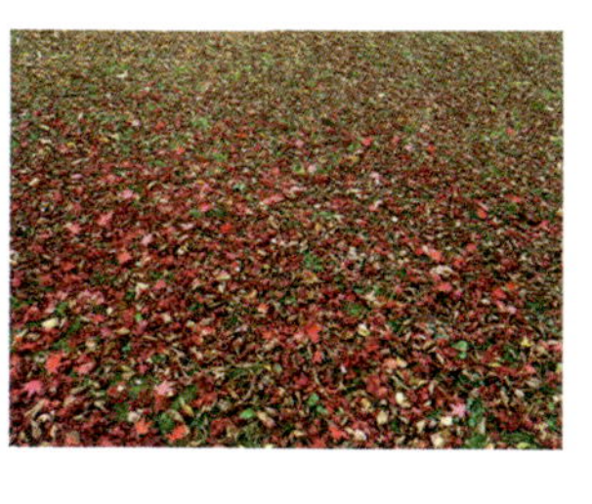
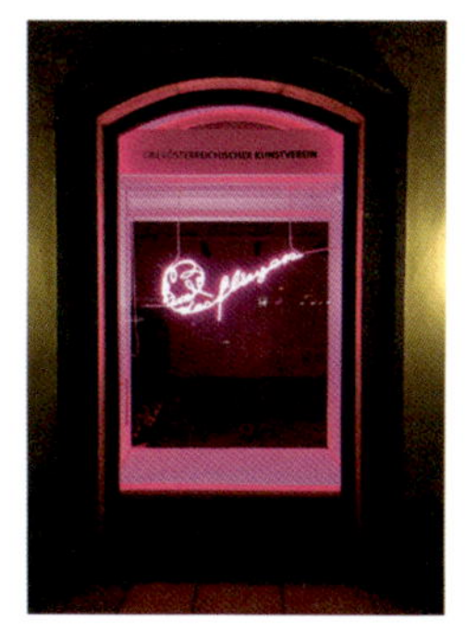
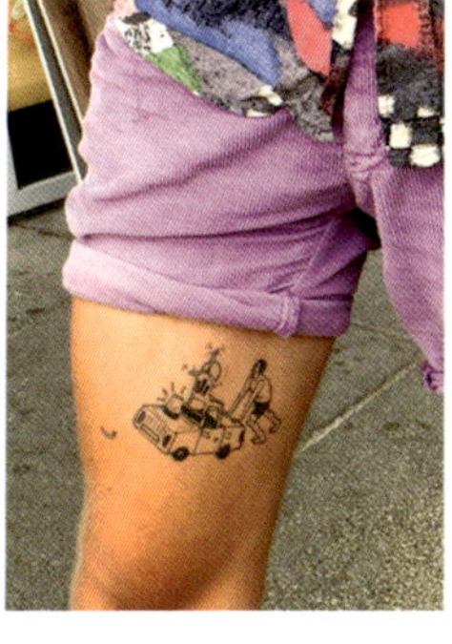
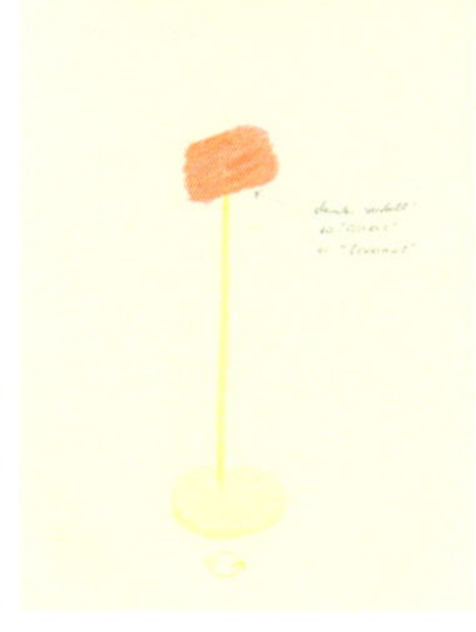

UMP: Dort geben Marketing- und Imagestrategen den Ton an.

JH: Das ist ein Stimmungsbild unserer Zeit. Es geht um Selbstbestätigung innerhalb der Gruppe. Gegenseitig versichert man sich permanent der eigenen Bedeutung und dadurch wird es ein Leichtes, andere auszuschließen. Ein selbstreferenzielles System per Copy und Paste, das dadurch langweilig und rückschrittlich ist. Es braucht wieder eine Vielfalt an Eigensinnigkeit. Mein Statement in der Publikation zum 325-jährigen Jubiläum der Akademie im Jahr 2017 lautet: „Let's talk about freestyle in the contemporary art practice – it's needed!"

UMP: Insofern speist sich aus diesem politischen Unbehagen eine Lust auf das Unbekannte, Neue und Andere.

JH: Das ist auch mein Antrieb in meiner Lehrtätigkeit. Mich nicht zufrieden zu geben mit dem Status quo. In den Gesprächen mit den Studierenden versuche ich, mich voll in die jeweiligen Projekte hineinzudenken, sie zu unterstützen und zu ermutigen – auch sie aus vertrauten Formensprachen herauszulocken, hin zu Unbekanntem, damit sich ein Prozess in Bewegung setzten kann, der sie überrascht und weiterbringt. Ich führe diesen Einsatz auf meine Begeisterungsfähigkeit und Neugierde zurück. Ich kann mich nur sehr schwer zurückhalten, gestalterisch zu denken.

UMP: Auch hier ein Schöpfen aus einem Potenzial an Möglichkeiten.

JH: Es ist ein permanentes Anspringen auf das, was ich sehe und höre, und ein sofortiges Weiterdenken. Dabei gebe ich mich meist nicht mit einer einzigen Art der Umsetzung zufrieden, sondern die Vorstellungskraft liefert mir sofort mehrere Varianten und visuelle Möglichkeiten – nicht unanstrengend! Diese gilt es dann zu durchdenken und zu bearbeiten. Diese Leidenschaft und Obsession des Gestaltens ist ein Drang, der sich egal wo, auch wenn ich durch die Straßen gehe, bemerkbar macht. Situationen und Dinge zu verändern, zu verschieben und zu drehen. Getrieben durch einen hohen Anspruch an Präzision und Perfektion, oft zum Leidwesen meiner Familie, vermutlich auch meiner

willfulness is needed again. My statement in the publication for the Academy's 325th anniversary in 2017 reads: "Let's talk about freestyle in contemporary art practice—it's needed!"

UMP: In this respect, this political uneasiness feeds on the unknown, the new and the different.

JH: That's also my motivation in my teaching. Not letting myself be satisfied with the status quo. In conversations with the students, I try to fully think into the respective projects to help and to encourage them—to also lure them out of the familiar design vocabulary into the unknown so that a process that surprises and furthers them can be put into motion. I attribute this commitment to my enthusiasm and curiosity. It's hard for me to keep from think creatively.

UMP: Here, too, drawing from a potential of possibilities.

JH: It's a permanent reacting to what I see and hear, and immediate thinking further. In doing so, I usually do not just see one single type of implementation, but my imagination gives me several variants and visual possibilities right away—not exactly unstrenuous. These then have to be thought through and worked on. This passion and obsession of creating is an urge that makes itself felt no matter where, even as I walk the streets. To change, move and turn situations and things. Driven by a high demand for precision and perfection, often to the chagrin of my family, probably also of my students, who would take a break earlier or put a full stop to it.

UMP: Art is shaping itself into an energy here that not only permeates life, but constantly develops it further.

page 205
Kontaktsheets

page 206
12.2.2016
Pigment print, 24 x 18 cm

page 207
26.2.2016
Pigment print, 24 x 18 cm

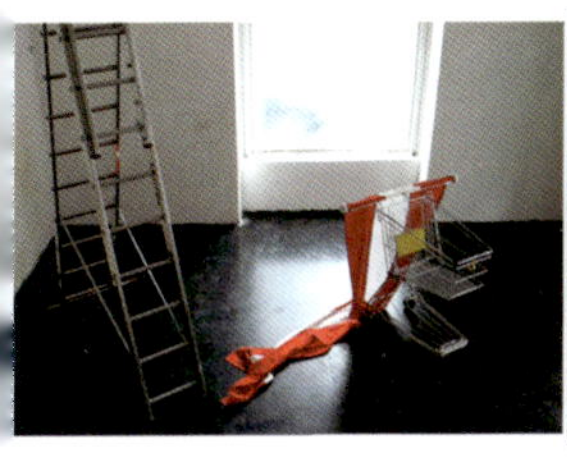
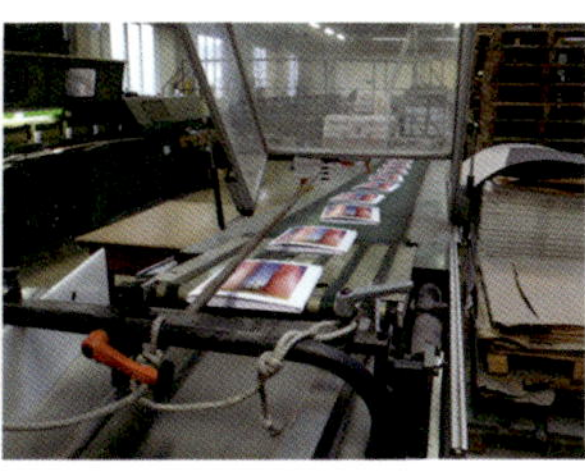
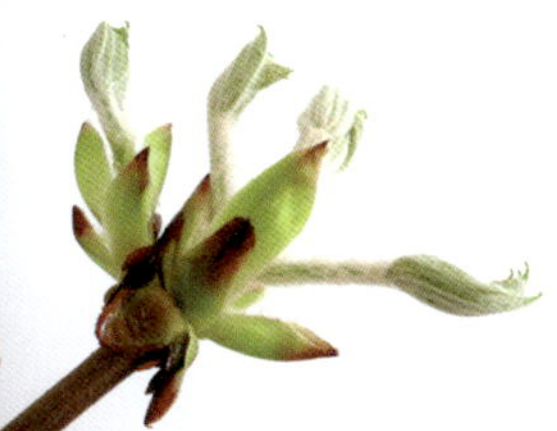
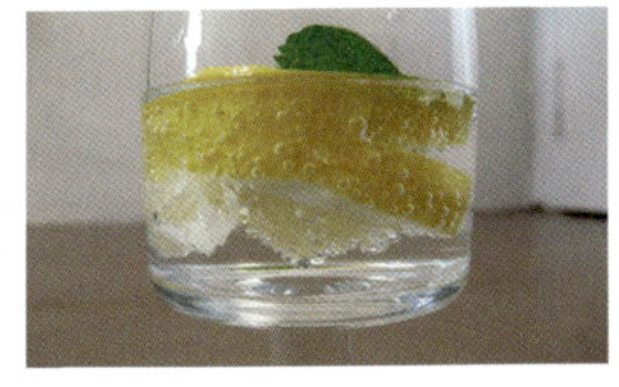
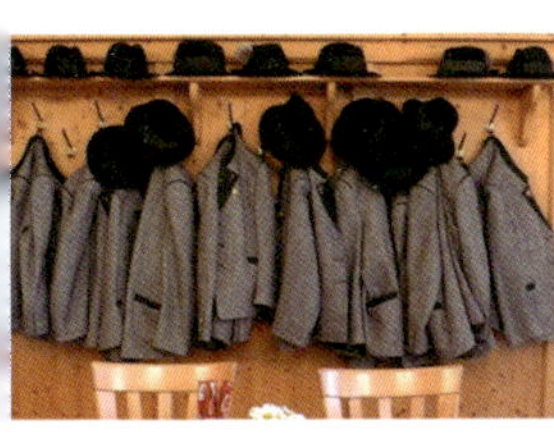
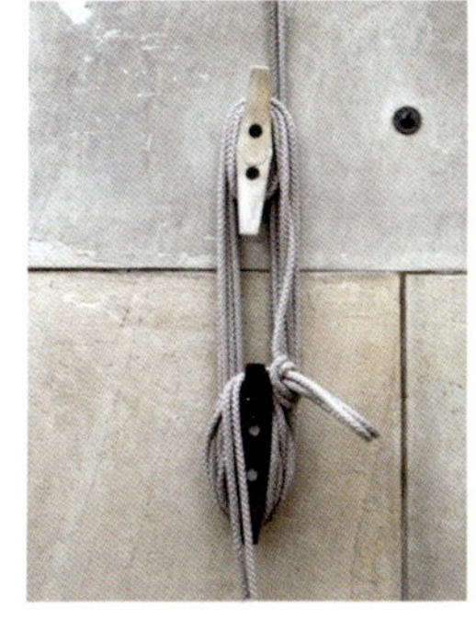
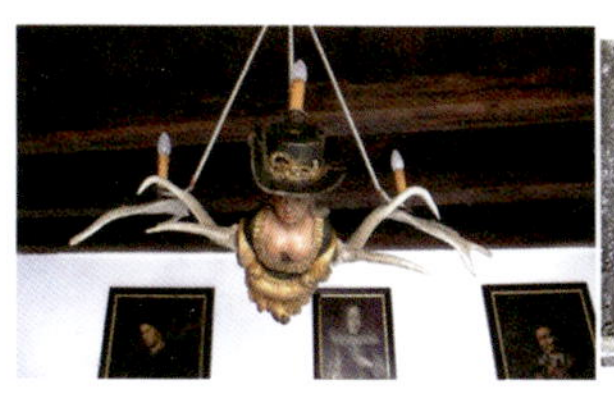
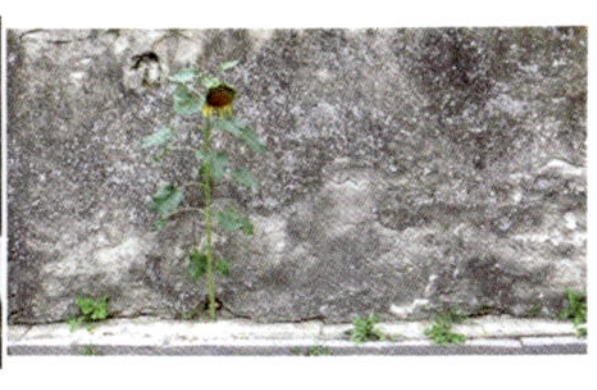
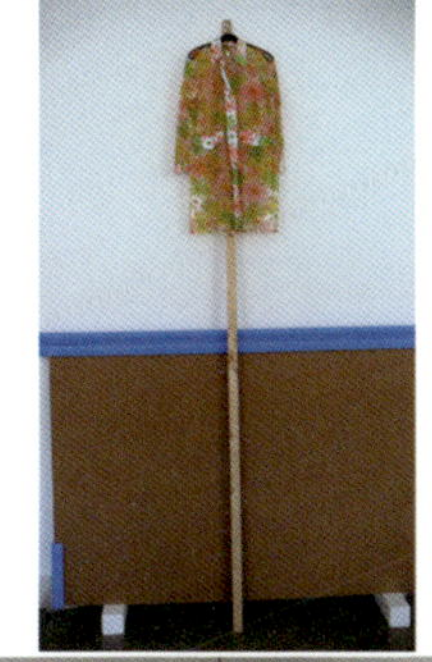
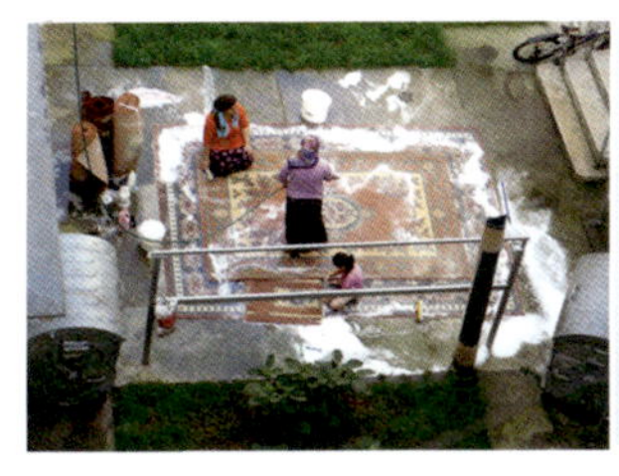
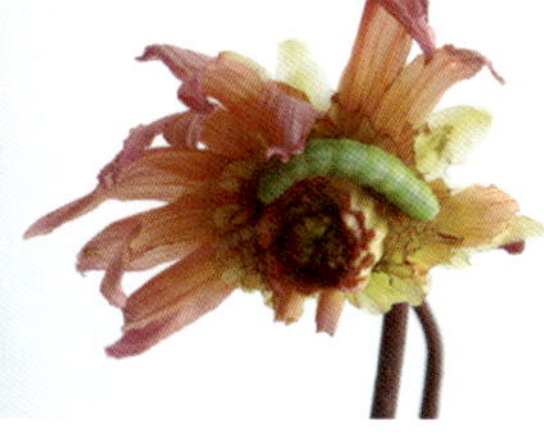
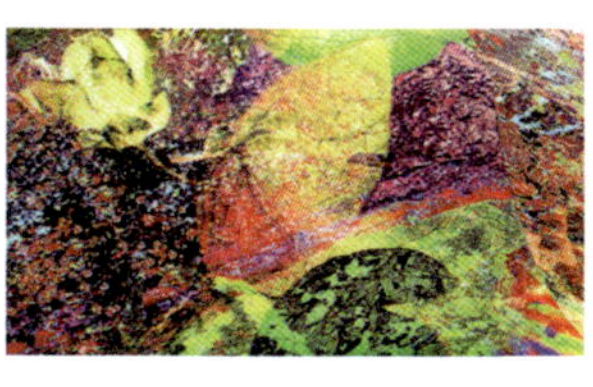
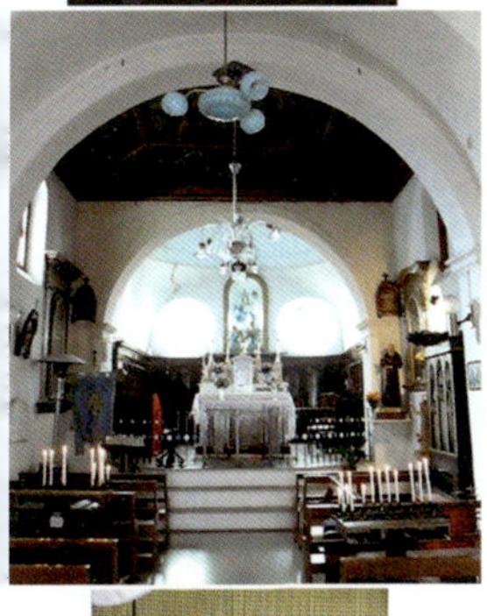
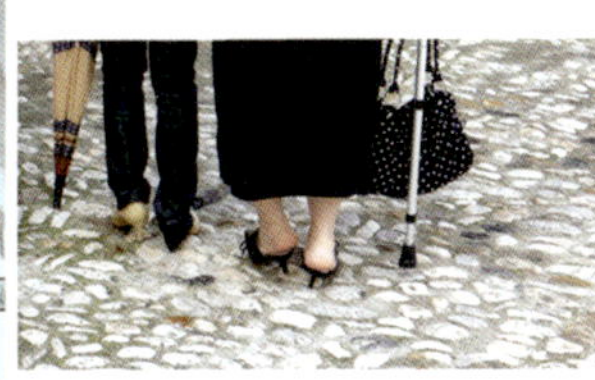
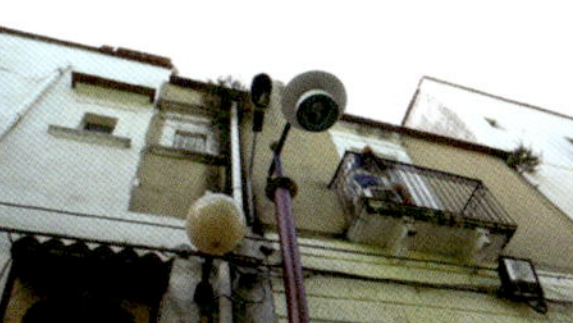
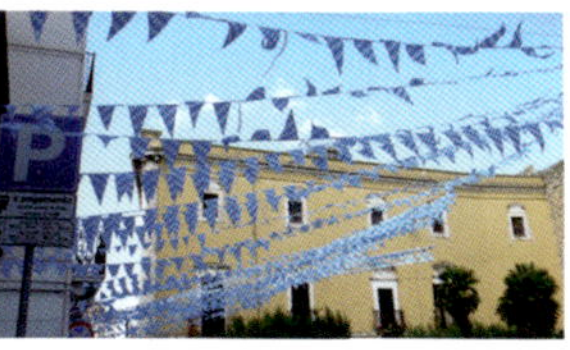
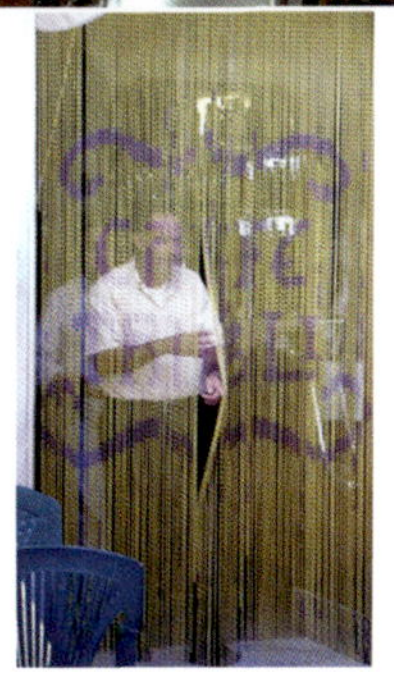
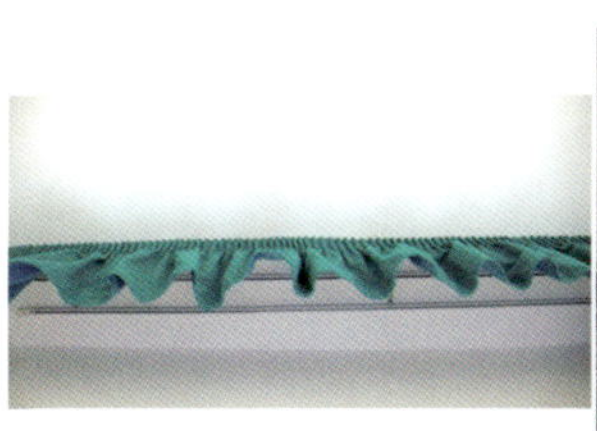
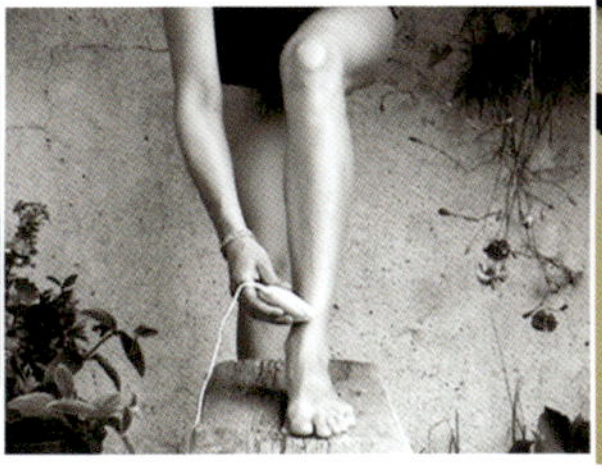
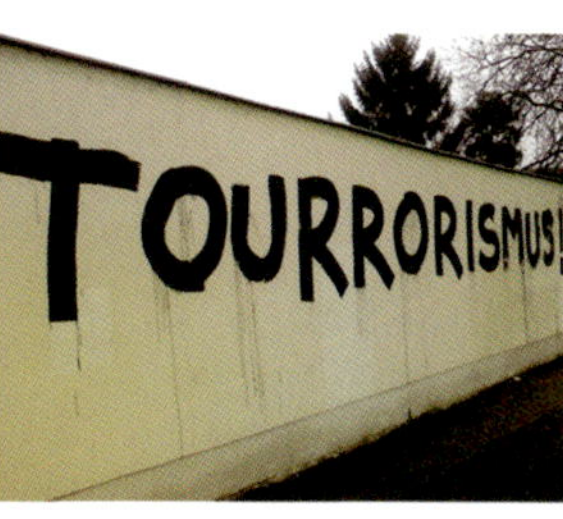
TOURRORISMUS!

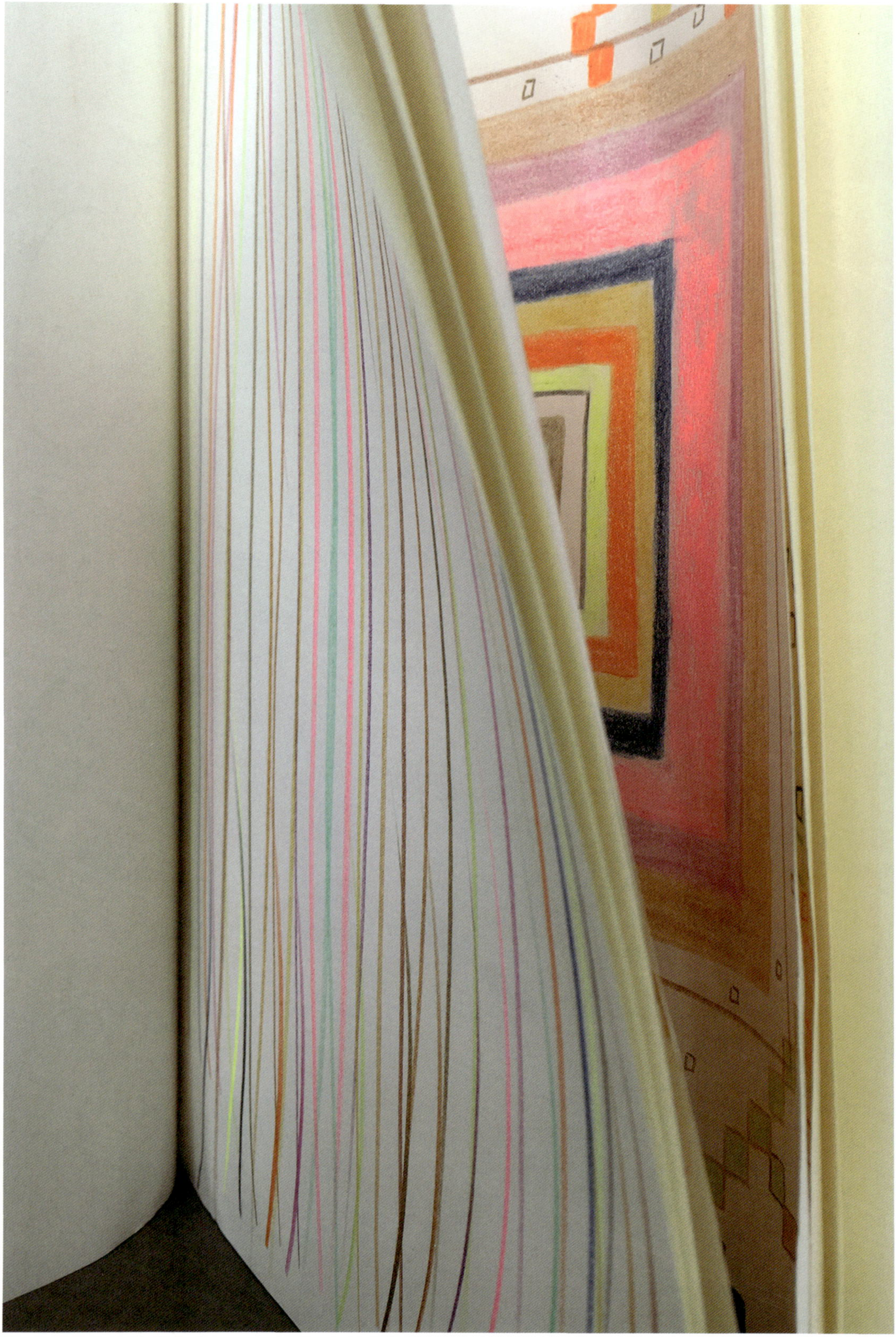